記憶魔法師 教你

超實用
學習記憶法

世界記憶大師
袁文魁 著

萬里機構

自　序

　　歡迎你來到記憶魔法師的世界，能夠擁有《記憶魔法師教你超實用學習記憶法》，源於記憶魔法對你的無數次輕聲召喚。從此，你與記憶魔法結下了不解之緣，你越來越多地去使用這些魔法，你的人生也將變得更有魔力。我堅信：任何一項技能精進到極致，必將使人生變得更加美好！

　　聯合國教科文組織國際教育發展委員會前主席埃德加·富爾指出：「未來的文盲不再是不識字的人，而是沒有學會怎樣學習的人。」我一直相信，學習是一輩子的事情，停止學習的人必將被社會淘汰，終身學習是通往自由和成功的必經之路。培根曾說：「一切知識不過是記憶。」記憶作為學習中非常基礎的一環，是終身學習者必備的技能之一。在知識大爆炸的時代，記憶魔法更有用武之地。

　　這本《記憶魔法師教你超實用學習記憶法》不會揭秘綜藝節目《最強大腦》的挑戰技巧，也不會分享世界記憶大師記憶啤牌、二進制數字的方法，而是着眼於學習考試中的實用記憶法，傳授學校老師常用的四種方法以及記憶魔法師的六根記憶魔棒，同時還分享快速提升中英語文記憶力的應用方法及案例。本書適用於中學生、大學生、學校老師、學生家長、需要參加各類考試的朋友，以及熱愛閱讀和培訓的終身學習者，祝你成為記憶魔法師，輕鬆記知識！

　　這書的第一版在 2012 年 1 月誕生，當時我雖然已經是「世界記憶大師」，並且培養學生王峰成了世界記憶總冠軍，帶隊為中國奪得了首個國家團隊冠軍獎盃，但在寫書上是個新手。儘管這本書收到很多不錯的反饋，一些讀者通過它考取了理想的大學，或者通過了重要的考試，但我覺得第一版還有太多的缺憾。

　　在六年後我花了幾個月時間改版，不僅更換了寫作的方式，內容也變動了 60% 以上，可以說這幾乎是一本新書。我這些年的教學經驗，以及我新學習和感悟到的東西，我都將毫無保留地在新版裏奉獻給你。

　　新版為了更加通俗易懂，我做出了如下調整：

　　一、刪除了舊版裏一些不太實用的方法，着力將最精華的方法講透講精，同時使用了一些更貼切的案例，努力將本書打造為「學習考試記憶寶典」，讓你的記憶超能力為你的學習加分。

　　二、學習記憶法的難點在於「知道卻做不到」，新版將獨家分享「七大訊息記憶模型」，幫助大家學會根據材料篩選方法。讓你通過訓練將記憶法變成你手中的屠龍寶刀。

三、增加了我本人的記憶魔法修煉故事，提升智力的七種腦力倍增術。我相信，多管齊下打造超強腦力，我們可以記住想要記住的一切！

這不僅是一本用來「看」的書，更是一本拿來「練」的書，願你能夠在記憶魔法的世界裏，享受記憶的樂趣，讓進步的感覺天天有，我會陪着你一起前行！

我們一起出發吧！

目　錄

自序

01 學好記憶法的六大步驟

02 記憶魔法初體驗

03 老師常用的四種記憶法

04 記憶魔法師的六根魔棒

05 七種常見的訊息記憶模型

06 語文基礎知識的記憶

07 詩詞文章的記憶

08 英語單詞的記憶

09 提升智力的腦力倍速術

01

學好記憶法的六大步驟

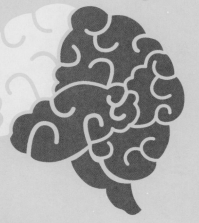

記憶力並不是智慧，
但沒有記憶力還成甚麼智慧呢？

——哈柏（德國化學家）

　　在學習記憶魔法的路上，我也走過不少彎路，這些探索不是白費的，它讓我對於學習的本質更加了解。為了讓你能夠少走一些彎路，我在這裏分享學習的心法，我將借用世界大腦先生托尼・博贊先生提到的「TEFCAS」法則，也就是嘗試（Trial）、行動（Event）、反饋（Feedback）、檢查（Check）、調整（Adjust）和成功（Success），我認為它們是從學會到精通任何技能的六大步驟。

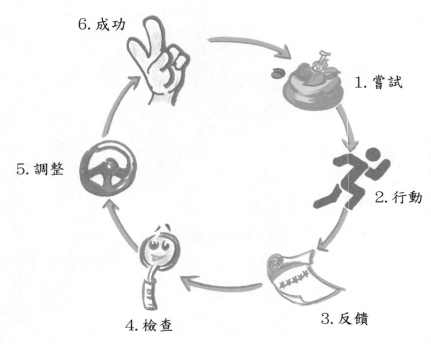

6. 成功

1. 嘗試

2. 行動

3. 反饋

4. 檢查

5. 調整

● 莊曉娟繪圖 ●

一 大膽嘗試

　　很多看過《最強大腦》的朋友，可能被選手們的超強腦力嚇到了，他們認為這些選手都是天才，但據我所知，記憶選手全部都是練習出來的。發展心理學領軍人物卡羅・德維克博士提出，相信「整體理論」的人把自己的綜合智力或技能水平看成一個固定的、無法繼續演變的「整體」，而相信「漸進理論」或「學習理論」的人則相信，只要循序漸進，新手也能成為大師。當遭遇挑戰時，後者更有可能迎接挑戰，而前者則不敢嘗試或容易放棄。

　　還有一些人雖然相信最強大腦是訓練出來的，卻認為自己不可能達到，他們有很多的藉口：年齡大了，沒有時間，智商不夠，學歷不高，家境不好，最終他們連嘗試的勇氣也沒有。

　　電影《陽光小小姐》(Little Miss Sunshine, 2006) 裏有一句話：「真正失敗的人，就是那種特別害怕不能成功，怕死了，連試都不敢試的人。」你不嘗試着做些能力之外的事情，就永遠無法成長。那些嘗試去做某事卻失敗的人，比安於平庸的人不知要好上多少倍。

　　我最初報名記憶法培訓班，也是猶豫了很久，擔心會被騙，也擔心被人嘲笑，但最終我還是告訴自己：「如果被騙，就當花錢買個教訓！至於別人怎麼說，我管不住他們的嘴，只能管住自己的腿，我的人生我做主！」然後，我就邁出了大膽嘗試的第一步，也改寫了我後來的人生路。

　　相對而言，記憶法書籍讓嘗試變得簡單了，你只需要在家裏偷偷地閱讀，默默地使用方法，不需要去和嘲笑你的人辯解，你要過的只有一關：自己！正在閱讀這本《記憶魔法師教你超實用學習記憶法》的你，恭喜，你是一個敢於嘗鮮的勇士，完美的開始已經是成功的一半！

（二）積極行動

采銅在《精進：如何成為一個很厲害的人》裏說：「求知分為三個層次：訊息、知識和技能。最差的學習者只接收訊息，貪多求廣；好一點的學習者看重知識，以記憶為目標；高手磨煉技能，只求日日精進。訊息、知識和技能本不衝突，只不過技能是終點，前兩者是邁向這個終點的路與橋。」記憶法並不是用來炫耀的訊息或知識，它是一種技能，除非行動起來，否則你永遠無法掌握。

我在最初看書自學記憶法時，深深地被書裏的魔法所吸引，看完一章後發現有練習題，我告訴自己：「等看完下一章再做吧！」結果看到下一章，又忍不住繼續再看，直到把整本書一口氣看完，然後告訴自己：「明天再做練習題吧！」結果就是一拖再拖，然後這本書就被束之高閣了。我不希望我的書也擁有這樣的命運，我希望它能夠「遍體鱗傷」，上面都是你練習的痕跡。

我這些年接觸過很多記憶法愛好者，有些人讀了上百本記憶書籍，經常泡在網上的記憶論壇裏，下載了 20G 的山寨記憶課程，不能不說他們很狂熱。他們是知識的「搜集者」，樂此不疲地收藏，卻永遠只停留在理論和思想上。假想一下，你看了十幾本游泳的書籍，讓你馬上跳進維港，「旱鴨子」的你估計很快就一命嗚呼了。同樣，沒有訓練去使用記憶法，真正面對記憶難題，你也是兩眼一抹黑。

所以，我建議你先自己嘗試使用方法來記憶本書的案例，再去看我的解說或者參考聯想。另外，你也可以拿你學習、工作和生活中的素材來練習，基於實際需要的練習才會讓你有更大的動力。

三 及時反饋

著名心理學家羅西和亨利對「反饋效應」進行了實驗：把一個班的學生分為三組，每天學習後就進行測驗。第一組學生每天都能得知自己的測驗結果，第二組學生每週得到一次成績反饋，而第三組學生則對自己的成績一無所知。八週後，改變做法，第一組與第三組對調，第二組不變，也同樣進行了八週教學。

結果除第二組穩步地進步外，第一組與第三組的情況大為轉變：第一組的學習成績逐步下降，而第三組的成績則突然上升。這說明及時知道自己的學習成果，對學習有非常重要的促進作用，即時反饋比遠時反饋的效果更大。

經常有人問我：「學習記憶法，看書能不能達到和上課一樣的效果？」我說：「當然不能。如果發一本教材，誰都學會了，那全球的老師們都要失業了，學校也就沒有存在的意義了。老師的意義，就是傳道、授業和解惑。」

這裏的「解惑」也是「反饋」的一種，我自學記憶法時，只能憑着記憶的效果來自我反饋，對照原材料看看記得哪些忘了哪些，但對於方法使用是否得當並不清楚。在參加記憶課程之後，我把背誦《道德經》的具體案例發給葉翠儀老師，她的專業指導意見對我幫助很大，她的鼓勵也給我力量。

相比較而言，書本是冷冰冰的，不會給你面對面的反饋和鼓勵！不過你在閱讀這本書時，書中的解說和參考聯想可以當成是一種「被動反饋」，你可以在對照中嘗試找出不足，雖然效果可能不如老師直接指出來，但有反饋總比沒有反饋好。

四 檢查總結

我的記憶教練郭傳威老師常說：「失敗不是成功之母，總結才是成功之母。」他花在檢查和總結上的時間，甚至和訓練的時間差不多長。

在《論語》裏，曾子說：「吾日三省吾身：為人謀而不忠乎？與朋友交而不信乎？傳不習乎？」使用記憶法出現偏差時，也有「三問」：

1. 對方法的選擇是否有誤？
2. 對方法的理解是否不夠？
3. 怎樣在下一次做得更好？

葉老師對我記《道德經》的反饋讓我總結：我選擇的記憶方法基本上是正確的，能夠比較靈活使用不同的方法，只是沒有深入理解並熟讀文章，形象轉化得太多了一些，增加了記憶的負擔。我當時看完就豁然開朗了，確定了下次調整的方向：一定要提前看譯文理解文章，對於熟悉的句子使用關鍵詞。之後我在背《論語》、《易經》時，就相對輕鬆了許多。

五 調整改進

知道問題出在了哪裏，就需要調整改進。世界記憶總冠軍王峰曾說：「我進步很快的一大秘訣，就是犯過錯之後會總結，然後保證下一次不會再犯。」

然而，大部分人知道障礙在哪裏，卻一而再再而三地在那裏跌倒。我有個學員使用繪圖記憶法，每次我點評指出問題所在，下次她依舊還是犯同樣的錯誤，反覆指出很多次以後，作品依然沒有一點改變。重複錯誤的做法，只會得到錯誤的結果，就像拿

着錯誤的文件複印，不可能印出你想要的正確文件。

　　另一位學員在老師指導完她的思維導圖後，她都會在下一幅及時改進，然後再請老師指出不足。她的每一幅都在調整中日趨完善，每天進步一點點，最終她成為俱樂部思維導圖武林計劃的盟主。

（六）邁向成功

　　前面的五個階段，讓我想到一個熱門的名詞 ——「刻意練習」，在《刻意練習：如何從新手到大師》這本書裏，作者舉了世界記憶總冠軍王峰的例子，提出刻意練習不同於一般的有目的的練習，它知道該朝哪個方向發展，去達到怎樣的目標。它有以下的特點：

1. 它發展的技能，是其他人已經想出要怎樣提高的技能，也是已經擁有一套行之有效的訓練方法的技能。

2. 它發生在舒適區之外，而且要求不斷地嘗試剛好超出他當前能力範圍的事物。

3. 它包含達到良好定義的特定目標，而不是模糊的大目標，通過達到這些小目標，可以得到量變的積累。

4. 刻意練習是有意而為的，需要有意識地關注和行動。

5. 刻意練習包含反饋，以及根據反饋做出的努力改進。前期的反饋來自教練或導師，後期必須學會自己監測自己，自己發現錯誤，並且做出調整。

6. 刻意練習着重關注過去技能的某個方面，致力於有針對性地提高那些方面，並且幾乎總是包括構建或修改過去已經獲得的技能，最終造就卓越的表現。

從這些表述中，你應該已經發現了嘗試、行動、反饋、檢查、調整這些關鍵詞，循環這些步驟積累一個小成功，繼續循環慢慢積累大的成功。我從背誦圓周率、三十六計，到背誦《道德經》、《論語》、《易經》，再成為「世界記憶大師」，就是不斷循環 TEFCAS 這六大步驟的結果。

可能很多人都聽說過：刻意練習 10000 小時可以成為天才。如果每天練習 3 小時，完成 10000 小時需要近十年時間，但這只是達到世界水平的最低要求。然而每個領域發展水平不一，成為世界頂尖所需要的時間並不一樣。在記憶競技領域，大部分選手只花了 1000 多小時便達到了記憶大師水準，部分選手比如王峰、喬納森、亞歷克斯等，甚至在這麼短的時間內問鼎了總冠軍寶座。當然時間並不是唯一的標準，練習的方法、練習者的心態和性格都會影響進步的速度。

好消息是，如果你只想要在實用記憶領域精進，你只需要 30 小時左右，多次閱讀本書並且完成練習，便可以達到入門的水準；接下來嘗試在你想要精進的領域，比如背課文、背單詞，找一個切入點刻意練習至少 300 小時，你在這個領域也會成為高手；如果你在特定的領域刻意練習達到 1000 小時，有可能成為這個小眾領域的大師，比如新東方創始人俞敏洪老師，用一年的時間背誦了一本英文詞典，詞匯量最高的時候有接近 8 萬，成為英語單詞記憶領域的大師。

現在，記憶魔法的世界即將向你拉開序幕，大膽突破自己的舒適區吧，祝你能夠掌握攻克記憶難題的魔棒，學會戰勝遺忘魔王的咒語，成為一名優秀的「記憶魔法師」，讓使用記憶法變成你的本能，融入你的靈魂裏，你的生命將會開始變得與眾不同！

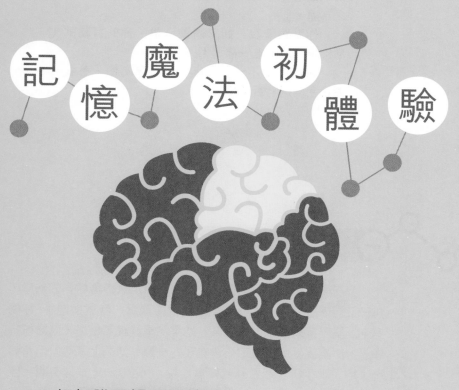

02

記憶魔法初體驗

一切知識不過是記憶。
記憶是一切智力活動的基礎。

—— 培根（英國哲學家）

現在，不論你已經相信還是依然懷疑，我們都把它拋到一邊去，詩人陸游曾說：「天下之事，聞者不如見者知之為詳，見者不如居者知之為盡。」

你就跟著我一起來體驗一番，你的實踐就是檢驗真理的唯一標準！

我以巧記「十二星座」的順序為例，看看你看完兩遍能否背出來吧！

一　趣記「十二星座」

我在學完記憶課程兩週後，給同學展示《道德經》的點背，有一位同學很不屑一顧，她對星座很感興趣，我就考她：「你能把十二星座按順序說出來嗎？」她零零星星說了幾個，就繳械投降了。於是我就用身體定樁法數了她一遍，她馬上就可以倒背如流，過了半年後，她看到我興奮地說：「記憶法真是神奇啊，我到現在還記得十二星座，和姐妹們聊星座時表演一下，別提多有面子啦！」

我們先來看看十二星座的正確順序吧：

十二星座

白羊座、金牛座、雙子座、巨蟹座、獅子座、處女座

天秤座、天蠍座、射手座、摩羯座、水瓶座、雙魚座

在記憶之前，我們先按順序從身體上找到一些部位，打造一套幫助我們記憶的樁子，接下來用「聯想」的膠水，分別將每個星座和它黏在一起。這 12 個身體的部位從下到上依次是：

1. 腳底

2. 腳面

3. 小腿

4. 膝蓋

5. 屁股

6. 腹部

7. 胸部

8. 頸

9. 嘴巴

10. 鼻子

11. 眼睛

12. 頭髮

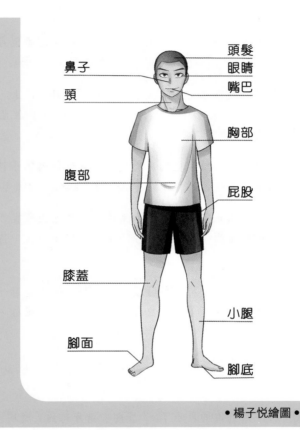

鼻子　頭髮　眼睛　嘴巴　頸　胸部　腹部　屁股　膝蓋　小腿　腳面　腳底

• 楊子悅繪圖 •

請你按照這個順序想一遍身體部位，也可以用手分別摸摸相應的部位，並且嘗試回憶一下。接下來，請跟着我一起來想像，在一片廣闊的大草原上，發生了這樣的一幕，故事的主人公可以想像是你自己：

1. 你走在大草原上，腳底踩到了一隻白羊的身上，白羊被踩得抬起頭來咩咩叫，牠的毛上還留下了你的黑色腳印。

2. 一頭金牛眼睛瞪得好大，生氣地喘着粗氣，用牛蹄用力地踩着你的腳面，你的腳流出了血，一陣鑽心的痛。

3. 你想向前面逃跑，卻發現小腿被兩個小孩子抱住了，他們哇哇大哭起來，眼淚從你的小腿上往下流淌。

4. 你的膝蓋一起跪了下來，跪到一隻巨大的螃蟹身上，螃蟹的殼「哢嚓」一聲碎裂了，裏面的蟹黃流了一地，好噁心！

5. 你一屁股往後坐了下來，沒想到坐在獅子頭上，獅子可不是病貓啊，牠一口咬住了你的屁股，頓時鮮血直流，你暈了過去！

6. 此時來了一位年輕的處女護士，朝着你的肚子打了一針，注射進去的綠色液體讓你的肚子鼓了起來，像懷孕了一樣。

7. 你此時停止了心跳，醫生用燒得通紅的天秤壓在你的胸部，胸腔被燙得彈起來又落了下去，反覆幾次後，你的心臟重新跳了起來。

8. 你慢慢醒來，卻發現呼吸有些困難，原來是有一隻從天而降的蠍子，用兩隻鉗子夾住了你的頸，勒得通紅，勒得你喘不過氣來。

9. 射手飛奔到你的面前，朝你的嘴巴射了一箭，你張開嘴巴用牙齒咬住了，好險啊，差點一箭穿喉！

10. 接下來到你的鼻子了，「摩羯」諧音想到「魔戒」，想像你把魔戒戴在鼻子上面，像是牛魔王的鼻環一樣，又一陣鑽心的痛，鼻子紅腫起來！

11. 經過一番折騰，你的眼睛裏滿是淚水，你用水瓶來裝，居然裝了滿滿的一瓶，真是滿滿的都是淚啊，誰經歷誰知道！

12. 你的頭髮也沒能倖免，兩條魚從水裏跳出來，咬住了你左右兩邊的頭髮，你一走路，兩條魚甩着尾巴前後晃動，甩也甩不掉！

在想像的世界裏經歷了這番煉獄般的折磨，你是不是有點後悔拿自己當主角了？不過這樣印象會更加深刻哦！現在請對照彩圖再強化一遍，然後閉眼回憶一下這些畫面，最後嘗試着默寫出來吧！

定椿趣記十二星座

白羊座

 金牛座

雙子座

 巨蟹座

獅子座

 處女座

天秤座

 天蠍座

射手座

 摩羯座

水瓶座

 雙魚座

1.＿＿＿＿＿　2.＿＿＿＿＿　3.＿＿＿＿＿　4.＿＿＿＿＿

5.＿＿＿＿＿　6.＿＿＿＿＿　7.＿＿＿＿＿　8.＿＿＿＿＿

9.＿＿＿＿＿　10.＿＿＿＿　11.＿＿＿＿　12.＿＿＿＿

　　你還可以挑戰一下，從頭背到腳，這就是「倒背如流」了！如果你能夠背出來，可以給自己一點獎勵哦！我們習慣了給別人鼓掌，也要記得給自己鼓勵！

二 強化記憶的七種武器

　　不知道你現在是怎樣的心情，是不是覺得很有成就感？如果你根本就沒有嘗試，你永遠不知道記憶法的滋味。我在參加記憶課程的第一天，就將圓周率 100 位倒背如流，還可以任意點背三十六計，我感覺我瞬間變成了「記憶超人」，拯救了過去一直被死記硬背奴役的大腦！

　　我發現記憶魔法與死記硬背的不同之處，在於它擁有這七件神奇的武器：

❶ 形象

　　相比和尚唸經似的重複默念，我們記憶「十二星座」時將它們轉化成形象，可以讓它們更加持久地保存。「形象」就像膠水或者是狗皮膏藥，可以將知識更牢固地黏在你的大腦裏。形象如果畫面清晰，細節突出，顏色分明，動感十足，記憶的效果會更加明顯。

❷ 獨特

我做過三年校報記者，新聞圈裏有句話讓我印象深刻：「狗咬人不是新聞，人咬狗才是新聞。」、「人咬狗」之所以成為「新聞」，是因為它非常「獨特」，我們如果看到這樣的場景，可能會終生銘記吧！我們在記憶時，可以嘗試用誇張、幽默、意外等「特效」讓記憶更加獨特。

❸ 簡單

記憶心理學裏有一個「組塊理論」，我們熟悉的一個字詞、字母組合、專業術語、名人名言等都是一個組塊。比如對於認識英文單詞「LOVE（愛）」的人，它就是 1 個組塊，而「VTNP」對大部分人而言，則有 4 個組塊。組塊愈少，就愈簡單，記憶起來就更容易。

❹ 故事

故事好記不僅是因為組塊變少了，還因為鮮明的場景和有邏輯的情節，可以幫助我們一環扣一環地串起記憶。很多人都是從小被故事餵大的，《一千零一夜》的故事輸入我們的大腦，如今也到了我們要輸出的時候啦！學會編故事，把學習變成是在大腦中看電影，過癮！

❺ 邏輯

有些人以為編故事就是要天馬行空，愈沒有邏輯愈好記憶，這有點本末倒置。因果邏輯就是故事的生命線，如果過於超出日常的認知，大腦會自動遮罩，很難牢記。

❻ 聯結

聯結是將兩個事物通過邏輯或非邏輯的方式聯繫起來,由一個能夠立即想到另外一個。記憶「十二星座」時,我們就是把星座和我們熟悉的身體聯結起來,達到「以熟記新」的效果。聯結時在腦海中呈現兩個形象,讓其彼此接觸並加上動作以及誇張的結果,就可以將它們像「連體嬰」一樣綁定在一起。

❼ 感覺

感覺也稱為感元,人體的五種感覺器官都分別代表一種訊息處理的方式,視覺、聽覺、觸覺、嗅覺、味覺如果能夠充分運用,可以幫助我們達到更佳的記憶效果。比如「白羊」和「腳底」聯結時,我們不僅看到了白羊的形象,還聽到牠咩咩叫的聲音,感覺到踩上去軟軟的感覺,如果還能夠聞到羊身上的羶味和羊糞味,捂着鼻子想躲開,你的印象又會增加幾分。

感覺裏面還有一種是情緒,如果融入了自身的感情,比如你踩到白羊後很愧疚,很傷心,也會加深印象。我們大腦裏那些刻骨銘心的記憶,哪個不是帶着強烈的情緒呢?第一次獲得公開表揚的開心、失戀或失去親人的悲痛、被傷害和受批評時的憤怒和委屈,我們難以忘懷,因為「情緒」是記憶的強化劑。

　　我借鑑了《黏住》這本書，總結出這七件神奇的武器。我們可以這樣來記憶：由「形象」想到一頭大象，大象的鼻子、耳朵等感覺器官都非常大，還可以想像牠是一個「獨眼龍」（獨特），它的腳踩在竹簡做的床單上（簡單），尾巴上面繫着一個蝴蝶結（聯結），身上坐着一個看《故事會》的馴象人，他在向天空中巡邏的飛機（「邏輯」）打招呼。

　　嘗試着將這七件武器收入囊中吧，在記憶宮殿裏闖關挑戰時，它們可是你的絕佳裝備呢！

• 莊曉娟繪圖 •

03

老師常用的四種記憶法

記憶是想像的櫥櫃
推論的寶庫
良心的國籍
和思想的智囊室。

——聖·巴希奧

　　從心理學的角度而言，記憶是人腦對過去經驗的保持和提取。凡是人們感知過的事物、思考過的問題、體驗過的情感以及操作過的動作，都可以以影像的形式保留在人的頭腦中，在必要的時刻又可以把它們重現出來，這個過程就是記憶。記憶包括「記」和「憶」兩個方面，「記」體現在識記和保持上，「憶」體現在再認和回憶上。

　　記憶伴隨着學習過程的始終，人們研究人腦記憶的目的，在於找出記憶的特點和規律，從而使人記得快，記得準，記得固，再認或回憶很容易，以便提高人的記憶和學習效率，所以學校老師也必然會研究並傳授一些記憶方法。我先總結一下學校老師最常用的四種記憶方法，這些可以和後面的記憶魔法配合使用。

一 理解記憶法

　　所謂「理解」，不僅是指看懂了材料，還包括搞懂了材料各部分之間的邏輯關係，以及該材料和以前的知識、經驗之間的關係。在積極思考和深入理解的基礎上進行記憶的方法稱為「理解記憶法」，這是被學校的老師掛在嘴邊最多的方法。

　　使用理解來輔助記憶，有以下三種思路：

1 通過分析、綜合、比較、歸類和系統化等思維活動，把握記憶材料的含義、範圍和結構層次，從而更利於長時記憶。

比如孟子提到「生於憂患，死於安樂」，如果找到論證的步驟：先擺出舜、傅說等人物的個別事實，接下來提出「天將降大任」的觀點，然後推論到治國方面，最後得出結論，我們背誦起來會容易很多。我們學習語文時，歸納中心思想和段落大意，呈現文章的思維脈絡圖，就是利用這種思路。

2 結合已有的知識體系和生活經驗，將新的知識變成容易理解的畫面。

我讀初中時，爸爸創辦塑料廠，生產熱水瓶外殼。我聯想到，假設一般生產一個外殼需要 3 分鐘，每個外殼的市場價是 20 元，如果我爸的工廠生產一個外殼只要 2 分鐘，每天就會生產出更多的外殼，就會賺更多的錢，在市場上就會佔據有利地位。如果大部分工廠都學到了新技術，都只需要 2 分鐘就可以了，那麼熱水瓶外殼的市場價就會降低，我爸爸只有繼續縮短時間，才可以賺到更多錢。這樣想像實際生活的畫面來理解，就容易記憶了。

再以物理學科的「牛頓運動定律」為例，三大定律分別是：

第一定律：任何物體都保持靜止或勻速直線運動狀態，直到其他物體對它作用的力迫使它改變這種狀態為止。

第二定律：物體受到外力作用時，所獲得加速度的大小跟作用力成正比，與物體的質量成反比，加速度的方向跟作用力的方向相同。

第三定律：兩物體之間的相互作用力總是大小相等、方向相反，且作用在一條直線上。

可以聯想到我在跑步機上先是靜止，然後開機後勻速地跑步，如果跑步機沒有關機、調速或者沒有人拉我，我會一直以這樣的速度跑步，這是第一定律。接下來，教練突然抓住我用力往前推，他的力度愈大，我向前衝的速度就愈快；但他推旁邊那個 200 斤的相撲運動員，居然紋絲不動，因為加速度的大小與物體的質量成反比，這是第二定律。最後是第三定律，他推胖子，胖子沒有動，他自己反而沿着直線往後倒退了幾步，他推得愈重就倒退得愈遠，因為「相互作用力總是大小相等」。

❸ 嘗試用自己的語言去複述知識。

印度電影《作死不離三兄弟》（3 Idiots, 2009）裏，教授讓主人公蘭徹說出「機械裝置」的定義，他說：「能省力的東西就是機械裝置。機械裝置讓工作變得簡單化，也能節省時間。今天很熱，按下開關，得到陣陣涼風，風扇就是個機械裝置。和千里外的朋友說話，電話，是機械裝置！快速運算，電腦，是機械裝置！」

教授扔了一根粉筆，生氣地問：「定義是甚麼？」

另一個同學把答案背了出來：「機械裝置是實物構件的組合，各部分有確定的相對運動，籍此，能量和動量相互轉換，就像螺絲釘和螺帽，或者杠杆圍繞支點轉動，還有滑輪的樞紐之類的⋯⋯」

教授說：「太棒了！」

蘭徹說：「可是，老師，我用簡單的語言表達了同樣的意思。我們必須理解它的含義，不能做死記硬背的書呆子。」

他被教授趕了出去，然後返回來拿東西，教授問他拿甚麼。他說：「記錄、分析、總結、整理的工具。討論並解釋知識。有圖片的和沒圖片的，硬皮的，軟裝訂的，有護封的，沒護封的，有前言、簡介、目錄、索引，用於人類大腦的啟示、理解、改

進、加強和教育，通過視覺實現，有時也用觸覺。」

教授被搞暈了，問他是甚麼。他說：「是書！」教授責備他：「你幹嗎不說簡單點？」他回答：「我之前試過了，老師，沒用。」

這是一個非常經典的片斷，對印度的應試教育進行了辛辣諷刺，蘭徹說的「用簡單的語言表達了同樣的意思」是理解記憶法的一大精髓所在。

二 規律記憶法

自然界和人類社會都按照本身固有的規律向前發展，而且規律貫穿着事物發展過程的始終。規律記憶法就是發現記憶材料的共同特點、演變趨向，從而幫助我們更加輕鬆地記憶。

比如我們要記憶數字串：02 13 24 35 46 57 68 79 80 91，此時並不需要記憶大師出馬，你也可以 1 秒記住，只需要發現每個數字均是在上一個的基礎上增加了 11 即可。比如手機號碼13652140412，第 2 至 4 位是 365，一年 365 天，後面的以 0 為中線是對稱的，214 聯想到 2 月 14 日西方情人節，也很好記。

學習歷史學科，可以找到一些共性的規律。比如世界史上六大帝國衰落的原因都是人民起義，各地封建主或奴隸主力求擺脫中央控制，統治階級出現了內訌，外族或外國入侵。又比如要記憶歷史事件的影響，一般規律有以下三大類：

1 要素分析法

從經濟、政治、文化、科技、外交等要素來進行分析。比如《辛丑條約》的影響：經濟方面，巨額賠款加重人民負擔，中國稅收受到列強的控制；政治方面，清政府變成帝國主義統治中國、鎮壓人民的工具；外交方面，設外務部，列強通過外交途徑加強對清政府的控制。

❷ 正反分析法

歷史事件的影響，既有積極影響，也有消極影響或局限性，還要分清主次。比如辛亥革命，積極影響是結束了中國兩千多年的封建君主專制制度，建立起資產階級共和國，但也有局限性，既沒有完成反帝反封建的根本任務，也沒有改變中國半殖民地半封建社會的處境。

❸ 國內外分析法

世界開始一體化之後，任何事件都會影響到其他國家。比如新航路的開闢，對歐洲國家而言，促使歐洲出現了商業革命，加速了西歐封建制度的解體。而對於其他洲而言，美洲的傳統文明被破壞，奴隸貿易給非洲人民帶來了沉重災難，大量白銀注入亞洲刺激了經濟發展。對於全世界整體而言，打破了世界各地相對孤立的狀態，促進了文明的融合。

掌握了這三大規律，再背誦歷史事件的影響時，可以先嘗試自己推理分析，然後再結合課本進行記憶，會達到事半功倍的效果。

如果有一些知識無法尋找到規律，我們也可以創造出規律：

第一種方式，是按照邏輯、字母或空間的順序，對要記憶的材料進行排序。比如要記住我的購物清單「睡衣、白菜、饅頭、牙膏、沐浴露、襪子、耳機」，可以按照時間來排序：早上起床要用牙膏，然後吃完饅頭，穿上襪子出門，在車上聽着耳機，回來晚飯吃白菜，接着洗澡用沐浴露，最後穿上睡衣去睡覺。

第二種方式，是觀察共性後進行分類，因為相似的東西易於彼此聯想。分類的標準有很多，比如大小、構造、材質、輕重、長短、用途、顏色等。分類時的組數和每組個數不要太多或太少，一般五六個比較合適，如果有些不容易歸類的，單獨歸為一類即可。比如你的購物清單是：

掃帚	蘋果	話梅	可樂	即食麵	葡萄	梨子
橙汁	薯片	水桶	檸檬茶	朱古力	垃圾簍	餅乾

要死記下來可不太容易，但分類之後就簡單多了，我們很容易歸為四類：

水果類：葡萄、蘋果、梨子

零食類：即食麵、話梅、薯片、朱古力、餅乾

飲料類：橙汁、可樂、檸檬茶

用品類：掃帚、水桶、垃圾簍

如果某些類別的東西較多，還可以結合前面的順序法，比如零食類，可以根據常見的大小或者厚薄，以及你的喜愛程度來排序。

三 組塊記憶法

組塊記憶可以形象地比喻成拼圖遊戲，當面對一堆打亂的拼圖碎片時，我們先要觀察並把能夠拼在一起的先拼起來，形成好幾組小區域的組合拼圖，然後把這些再整合成完整的拼圖。組塊是根據意義將訊息碎片組成集合，把要記憶的訊息加以分類或加工，使之成為一個小的整體，這種記憶方法叫「組塊記憶法」。

我們以記憶下面這些漢字為例：

最強大腦夢想豬八戒記憶魔法師飛流直下三千尺藶謙虛使人進步驕傲使人落後學霸肌醇六磷酸酯門捷列夫夑牿耶九陰白骨爪

雖然沒有標點符號，但在記憶時，你的大腦肯定會自動進行組塊，比如「最強大腦」、「夢想」、「豬八戒」、「記憶魔法師」、「飛流直下三千尺」、「謙虛使人進步，驕傲使人落後」，還有一些單個字你可能不認識，比如「藶」、「夑」、「牿」、「耶」，這

些也是一個組塊，另外「肌醇六磷酸酯」、「門捷列夫」、「九陰白骨爪」你如果聽過，就是一個組塊，沒有則可能是多個組塊。

所以，組塊根據人的知識和經驗不同而有所不同，可以小到一個字母或漢字，大到一個名詞、詩句、公式甚至一篇文章，對於一個剛剛認識點橫豎撇捺的幼兒，一個「悟」都有十幾個組塊，而對於大部分成年人而言，「悟」只需要拆成「午」和「吾」兩個組塊即可記住。

大腦對正在處理的訊息進行瞬間以及有意識加工的這部分記憶，叫作工作記憶。根據心理學家米勒的研究，一般人工作記憶的容量都是 7±2 個組塊，即 5~9 個之間，這個法則被稱為「魔力之七」記憶法則。但現在很多專家認為，工作記憶只能容納 4 個組塊，比如大家記憶電話號碼，會習慣性地分成 3 個組塊，每個組塊內的數字也在 4 個左右。讓組塊盡可能少，是提高記憶效率的秘訣。

基於組塊原理，我們在記憶時需要注意以下幾點：

（一）學會發現組塊，而非看到就馬上死記硬背。比如要記憶陌生的英語單詞 swordfish（旗魚），觀察發現有 s、word、fish 3 個組塊，就比一個個字母記憶的 9 個組塊要容易，在後面的英語單詞記憶法裏會詳細講到組塊故事法。

（二）對龐雜的訊息進行分類，將其細分為不同的組塊，每個組塊的內容控制在 7 個以內。在「規律記憶法」裏我們舉過例子，分成 4 組之後，每組都在三四個，死記下來也比較容易。另一種方式，就是用列提綱或者思維導圖的方式呈現分類。

（三）學會對訊息進行提煉，把相似的概括成一個組塊。「數字概括」就是一種方式。在記憶歷史學科時，比如秦朝中央集權制度的影響：奠定中國兩千多年政治制度的基本格局，把全國每戶人家、每個地方納入國家政治體制之中，有利於國家統一，有利於中華民族的發展，有利於封建經濟的發展。

我們可以把它濃縮為一句話：一奠、二每、三利。濃縮後就相當於縮小的金箍棒，方便存儲。

（四）通過刻意練習加固已有的組塊，使記憶更複雜的內容時更容易。象棋大師與象棋初學者，如果要比賽記憶並完成一個殘局，象棋大師的速度會非常快，因為他平時就已經將無數棋局變成組塊，和長期記憶中最優走法聯繫在一起，所以他們每一步都能做出最優選擇。

同樣，一個擁有一萬個英文單詞量的同學，相比只認識幾百個單詞的同學，記憶新單詞的速度要快很多，就像滾雪球一樣，愈大的雪球同一時間滾的雪愈多。秘訣是甚麼？就是他們提前已經牢記了很多小組塊，在記憶複雜單詞時就很容易，所以，扎實打好基本功，積累自己的組塊庫吧！

四 比喻記憶法

比喻記憶法，又稱類比記憶法，為一個概念或定理打一個相似的比喻，把新概念和已有的神經結構聯繫在一起，可以幫助我們加深理解和記憶。比如物理學科裏，把「電流」比喻成「水流」，把「電荷」比喻成「香水」，噴上就可以吸引異性。

又比如，一位老師在教減數分裂過程中染色體的運動規律時，進行了這樣的比喻：一對同源染色體可比喻成一對青年男女，年齡相同（大小形態相同），來自不同的家庭（來源不同），開始（間期）彼此不認識，後經人介紹就開始了他們的第一次約會（聯會），在此過程中還相互交換信物（交叉互換，前期），並決定雙雙去赤道（赤道板）上旅遊（中期），旅遊之後出問題了，他們彼此發現性格不合，當即就分了手（同源染色體分離），最後各回各的家（分到兩個子細胞中，末期）。善用比喻，利於理解和記憶。

麻省理工學院歷史上畢業最快的學生斯科特‧揚在其暢銷書《如何高效學習》裏非常推崇比喻法，他並分享了比喻法的三個步驟：

一是確定你要深入理解和記憶的訊息。

二是在你的個人經驗中尋找與訊息相似的東西，哪怕並不是很完美的比喻。

三是檢查比喻，對不恰當的地方進行修正。

那怎樣提高運用比喻法的速度呢？

首先，要有尋找比喻的慾望，希望通過比喻讓自己或他人更好地理解記憶。

其次，要注意第一個出現在腦海中的念頭，這是一個創造性的過程，所以需要多加嘗試，直到找到一個恰當的比喻。

最後，要優化和測試你的比喻，從不同角度進行比喻，可以加深對知識的理解，最好讓 10 歲小孩也能夠聽懂。

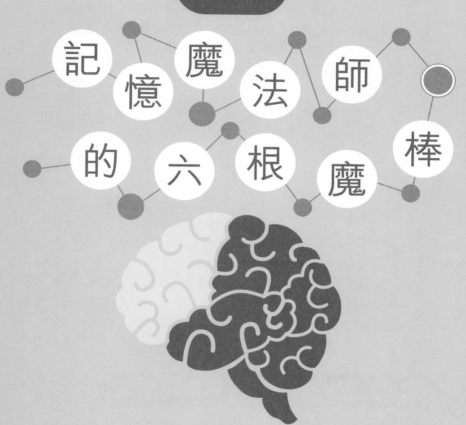

04

記憶魔法師的六根魔棒

人的一切智慧財富都是與記憶相聯繫的，
一切智慧生活的根源都在於記憶。
—— 伊凡·謝切諾夫（俄國生理學家）

在開發腦袋的記憶，有這六根魔棒：形象記憶法、配對聯想法、定樁聯想法、鎖鏈故事法、歌訣記憶法和繪圖記憶法。大家要用心細閱，再練習啊！

我先來考考你，還記得昨天中午吃了些甚麼菜嗎？你腦中閃現出來的是具體的菜名，還是菜的形象？估計大部分人都會先想到飯桌的場景，再將看到的菜轉換成語言表達出來吧！

一 第一根魔棒：形象記憶法

在大腦裏面構建具體形象，是我們思考和記憶的基礎。將一些抽象的圖案或符號轉化成具體的形象來記憶，這非常重要的「形象化編碼」過程，是記憶魔法裏最為基礎的「馬步」，所以作為第一根魔棒來學習！

根據循序漸進的原則，我將從靜態形象、動態形象、抽象轉形象三個方面，帶領大家一起來訓練我們的形象思維。

❶ 靜態形象的記憶

想要鍛煉形象記憶法，腦海中儲存大量的形象是有必要的，我們從小到大去過的地方、看過的影視作品、經歷的事情，都在我們大腦的形象庫裏。俗話說：「百聞不如一見。」你用文字描述「大象」給一個沒有見過大象的人，還不如讓他看看大象的圖片。當然，如果真實地看到大象，視覺、聽覺、觸覺等多種感官一起體驗，記憶將會更加深刻。

然而現代社會，碎片化資訊搶奪我們的注意力，低頭族們都在掃電話、玩遊戲，我們的感官漸漸變得麻木，對生命中的很多美好都「視而不見」，沒有用心去觀察和體驗生活，我們的記憶力當然也會日漸衰退。

其實觀察力可以刻意訓練出來的。當你像孩子般帶着好奇心，靜下心去觀察一隻螞蟻的爬行，去觀察一片樹葉的脈絡時，你也能夠擁有超強的觀察力和記憶力。

魔法練習　照相記憶系統

記憶天才大多擁有超常的照相記憶能力。其實我們正常人也擁有這種能力，因為大腦有「視覺殘留」的現象，可以將看到的東西複製到腦海中，接近真實地呈現出來。只是相對而言，我們的圖像會比較模糊，而且缺少細節，保存的時間也比較短，除非訊息的刺激比較強烈。

這項訓練需要的素材比較靈活，可以是生活中的某樣東西，比如一個水杯、一個蘋果，也可以是一張圖片，攝影、漫畫都可以。先從簡單的物品開始，慢慢過渡到比較複雜的圖案。

　　我們就用這幅「拔蘿蔔」的漫畫做訓練吧！首先盯着這張圖片看 10 秒，嘗試一眼把整張圖片都攝入腦海，然後閉上你的眼睛，嘗試把它浮現在你腦海中的「屏幕」上。圖像是不是在腦中閃現的時間很短暫，而且還漏掉了不少細節呢？

　　接下來，我們再來觀察 10 秒，看到一些細節時，我們心中默念出來，比如：「頭髮上『長草啦』！」、「額頭上有條『小蚯蚓』！」、「蘿蔔葉子上面三片，下面一片！」

　　觀察之後，我們閉上眼睛浮現圖片，然後再睜眼來對比一下，發現其他的遺漏細節，再繼續進行觀察並默念，然後再浮現和核對，你會發現你將記住越來越多的細節。

看到形象是每個人都具備的能力，只要你能夠回憶起往事，能夠想起你家的場景，晚上能夠做出夢來，就可以看到形象。但有極少數人可能會說：「我就是看不到形象。」《培養記憶天才》這本書裏給出了這樣的解釋：這可能是太長時間忽略右腦，心靈上產生了障礙，就像長期在黑暗裏突然看到太陽會很刺眼。但是，即使是看到黑幕，這也是一種形象，接下來放鬆心態，想像這個黑幕慢慢打開，將需要看到的形象呈現出來。愈多地進行這個訓練，你就會做得越來越好。

這個練習有很多的實戰應用，比如考駕照記憶交通標誌，買商品記住品牌 Logo，生活中記憶別人的長相等，可以在生活中利用零碎時間來練習。

❷ 動態形象的想像訓練

大家都知道，青蛙的眼睛對動的東西很敏感，對不動的東西卻無動於衷，其實人類也是一樣；所以人類不滿足於繪畫、攝影，發明了電影這種藝術形式，它基於的原理是：「改變、轉換是讓我們意識到任何東西 —— 一個物件、一個人，甚至是一個事件的基本先決條件。」特別是對於一些習以為常的東西，如果它一動不動的話，會比較容易被忽略和遺忘。我們需要訓練我們在腦海中呈現動態畫面的能力，以下這兩個練習會幫助你做得更好。

魔法練習　形象活化訓練

　　靜態的圖片是 2D 效果的，活化訓練可以讓它變成 3D，甚至是 5D 效果的，也就是從視覺、聽覺、嗅覺、觸覺、動感全方位去感受形象。這個練習，你可以把文字記住大意後再閉眼想像。

　　請找一張椅子坐好，保持脊椎的正直，雙手輕輕放在膝蓋上，然後閉上你的眼睛，讓自己的心安靜下來，做幾次深呼吸，用鼻子慢慢地吸氣，4 秒鐘吸氣讓腹部鼓起，接下來用嘴巴緩緩地吐氣，讓腹部慢慢地癟下去。每一次深呼吸，你都感覺全身越來越放鬆，同時越來越專注於你的內心世界裏。

　　現在在腦海中想像有一個白色屏幕，想像屏幕上面豎着一把鑰匙，就是圖片中這種鋸齒狀的金色鑰匙，想到了嗎？請你想像它豎了起來，尖頭朝下，然後想像它緩慢地旋轉 360 度，你可以看清楚鑰匙的不同側面。然後，請你想像它橫過來，鋸齒朝上。

　　現在我要你把鑰匙想像成葡萄一樣的紫色，可以想到嗎？好的，接下來它要變成玫瑰一樣的紅色，想到了嗎？再嘗試着把它變成透明的，像玻璃一樣全透明的。最後，把它

變回到原來的金色吧！

現在，請想像這把鑰匙離你越來越近，像孫悟空的金箍棒一樣變大，放大到原來的兩倍，再繼續放大兩倍，大到你只能看到局部，現在像掃描儀一樣掃描一下鑰匙，那鋸齒就像連綿起伏的高山，那圓孔就像是摩天輪一樣大。現在把它縮小，繼續縮小，縮到像指甲那麼小。最後，把它變成正常大小吧！

接下來，我們來感受一下鑰匙的聲音，想像鑰匙下方是堅硬的水泥地，鑰匙掉到了地上，你會聽到「哐噹」一聲響，想像那清脆的銅鈴一般的聲音。

視覺和聽覺的刺激過後，我們來聞聞它的味道，想像自己的鼻子湊過去嗅一嗅鑰匙，你會聞到甚麼樣的味道呢？鐵銹味？潤滑油味？體香味？用心去喚醒你記憶中的味道吧！你也可以想像出任何你想要的味道，比如朱古力味。

接下來感受一下觸摸它的感覺，用手指輕輕地在鋸齒上撫摸，感受其凸凹不平的觸感，感受其金屬的質感，你腦海中是否有一絲擔心，它會不會劃破你的手指，讓鮮血流淌出來。

最後一步，想像你把鑰匙插進鎖裏，用力扭都扭不動，你突然用力過猛，鑰匙折斷了，一半還留在鎖裏面。接下來你變出一把完好無損的鑰匙，用它的鋸齒去鋸門的邊緣，將門上鋸出來很多木屑。你還可以繼續想像，像飛刀一樣把鑰匙扔出去，正扎中在這個門的中心，牢牢地固定在上面。

我們的形象活化之旅就到此結束，請你緩慢地睜開眼睛，可以搓搓雙手，搓一下雙臉，讓自己恢復到正常狀態，並且將你做這個練習的感受寫下來。

　　這是一次奇妙的想像之旅，通過多種感官與鑰匙零距離的接觸，我們會發現平時所忽略的感受。如果你做完練習後，再拿起真實的鑰匙仔細去觀察，去觸摸，去聞聞，再次做這樣的活化訓練時，效果會更好。

　　可以使用硬幣、葡萄乾、樹葉等做正念冥想的練習，和形象活化訓練有異曲同工之妙。堅持做 30 天的形象活化練習之後，你會發現你的感官慢慢被激活，更能去發現生活的美好，當你能在麻木的生活裏發現新鮮感，高效記憶的通道自然而然就打開了。就像嬰兒最初來到這個世界，對甚麼都好奇，學習東西非常迅速，長大之後則因為「習以為常」而屏蔽了很多訊息，大腦的感官都「生銹」了，願這個練習讓你的大腦「活」起來！

魔法練習　情境畫面冥想訓練

　　上面的訓練是將靜態的圖像動起來，我們還可以通過冥想動態的情境畫面來激活大腦，此處分享一個簡單的冥想：

　　請你找一個安靜的環境，將手機靜音，找一張舒服的椅子坐好，保持脊椎的正直，雙手自然地放在膝蓋上。輕輕地閉上眼睛，或者戴上眼罩，調整好呼吸的節奏，緩緩地呼氣、吸氣，讓自己的心靜下來，專注於當下的呼吸。

　　當你在呼吸時，腦海中可能會浮現出各種念頭，這是非常正常的現象，比如你會想到還有很多未完成的事情要做，想到前幾天發生的不愉快經歷，想到做這個冥想是不是有用，當你有這些念頭時，覺察到它之後，你可以默念一聲：「停！」然後有意識地專注於你的呼吸，你也可以數你的呼吸，吸氣：1，2，3，4；吐氣：1，2，3，4；慢慢地專注於呼吸，讓自己進入到內在的世界。

　　現在，我們一起跟着朱自清的《春》，去感受春意盎然的美好。想像你來到了大自然裏，呼吸着新鮮的空氣，你看到頭頂上太陽的臉紅起來了，太陽光照射到你眼前的一座青

山上，山此時睜開了眼睛，調皮地眨呀眨呀，山腳下的小溪裏，水漲了起來。

在小溪邊，小草從土裏鑽出來，嫩嫩的，綠綠的，田野裏一大片一大片的。小朋友們有的坐着，有的躺着，打兩個滾，踢幾腳球，賽幾趟跑，捉幾回迷藏。

風輕悄悄的，草綿軟軟的。風裏帶來些新翻的泥土的氣息，混着青草味，還有各種花的香，各種味道都在微微潤濕的空氣裏醞釀。鳥兒將巢安在繁花嫩葉當中，高興起來了，呼朋引伴地賣弄清脆的喉嚨，唱出婉轉的曲子。牛背上牧童的短笛，這時候也在嘹亮地響着。

當你看到這些美好的影像，全身感覺非常舒服，感官都彷彿被激活了，你的大腦神經更加活躍，你感覺此時你可以輕鬆記住任何訊息。現在，帶着這種美好的感覺，當我從 1 數到 5 時，請你緩慢地睜開眼睛。1，2，3，4，5，請你睜開你的眼睛，揉搓一下雙手，活動一下身體。當你堅持 30 天每天做一次這個冥想時，你會有意想不到的收穫，祝願美好的生活伴隨你每一天！

●莊曉娟繪圖●

想要激活我們的形象腦，我們每天都可以做情境畫面冥想訓練，每天睡覺之前可以回憶當天的事情，重點是比較幸福成功的畫面：比如完成了一項新挑戰，學習了一個新技能，與家人和朋友一起玩耍等。

另外，我們還可以使用電影作為訓練素材，看一個一分鐘左右的片段，最好是幸福、美好、勵志的片段，然後閉眼回憶整個過程，包括裏面的對話和場景，如果有些不夠清晰，再看一遍後重新回憶，多次重複，直到大部分細節都可以回憶起來，就可以換下一個片段。

情境畫面冥想訓練，對於背誦文章很有幫助，特別是一些寫景、敘事類的文章，我在高中背誦《荷塘月色》、《再別康橋》、《將進酒》等文章時，都是在腦海中浮現畫面，另外對於歷史事件的經過、物理化學的實驗步驟，也可以使用同樣的原理來記憶。當你能夠身臨其境去感受，並且將文字導演成腦中的電影時，記憶就比死記硬背要容易很多了。

❸ 抽象轉形象的訓練

將抽象訊息轉化為具體形象，是記憶法裏最常用到的技巧。我們要記憶的對象，一般包含文字類、數字類、圖形類，轉化的核心思路是從音、形、義三個角度，但不同的對象又略有不同，我們分別來進行訓練。

（一）抽象文字轉化訓練

世界腦力錦標賽有一個項目叫隨機詞匯，需要在 15 分鐘內記住上百個詞的順序，這裏面不乏非常抽象的詞。通過大量的訓練，我們看到任何抽象詞都能瞬間轉化成圖像，常見的方法有五種：諧音聯想、增減倒字、拆合聯想、相關聯想、綜合聯想，我先來示範一下。

1. 諧音聯想

諧音就是利用漢字的同音或近音來代替本字，常常會產生一種幽默效果。很多歇後語會使用諧音，比如小爐灶翻身 —— 倒霉（煤），孕婦走獨木橋 —— 鋌（挺）而走險。我們在記憶「倒霉」和「鋌而走險」時，就可以分別想到小爐灶倒煤和孕婦挺着大肚子走獨木橋的畫面。

又比如「記憶」，我們可以諧音為「機翼」，「理想」可以諧音為「李湘」、「離鄉」。諧音可以輔助記憶發音，但有可能會導致錯別字，所以在需要精準記住拼寫時，要少用諧音。

2. 增減倒字

增減倒字的意思是，在原詞的基礎上增加一些字，或者減少一些字（也就是提取關鍵字），或者把順序倒過來，看看能否變成具體形象，有時候也要適當使用諧音。比如「信用」增加字想到「信用卡」，「文化」增加字想到「文化衫」、「文化牆」，「王峰」倒過來諧音可以想到「蜂王」，我的一位同學名叫「任文思」，倒過來諧音是「斯文人」。

3. 拆合聯想

這相對有一點難度，就是把詞語分別拆開，組成詞語後轉化成形象，再用這些形象編故事，把它們變成一個畫面。比如「金融」可以由「金」想到金子，「融」想到熔化，就可以轉化為金子熔化的畫面。比如「理念」，「理」想到總理，「念」想到念書，轉化的畫面是總理正在念書。

如果詞語比較長，不要一個字一個字拆，看看有沒有熟悉的組塊，比如「布宜諾斯艾利斯」，「布宜」諧音為「布衣」，想到諸葛亮，他在《出師表》裏說「臣本布衣」，「艾利斯」諧音想到《愛麗絲夢遊仙境》裏的「愛麗絲」，「諾斯」諧音為「螺絲」，想像布衣諸葛亮拿着一枚螺絲跟愛麗絲求婚，被殘忍地拒

絕了。要注意，拆開後再組合時盡量按照順序來聯想，方便還原出原詞。

4. 相關聯想

這個相對簡單一些，由這個詞想到相近、相反等有邏輯關聯的形象，一般會藉助過去的知識儲備。比如「天津」會想到狗不理包子，「法國」會想到埃菲爾鐵塔，「經濟」會想到錢、銀行、房子、商場等畫面。比喻也是一種常用的相關技巧，比如「理想」一般被比喻成燈塔，「首都」被比喻成心臟，「和平」很容易就想到鴿子。

5. 綜合聯想

就是以上兩種或三種方法一起上陣，比如「思考」這個詞我通過「相關聯想」想到「思想者」這個雕塑，為了突出是「考」而不是「想」，可以想像思想者手拿試卷在考試。比如「成就」這個詞會想到「獎盃」，但由「獎盃」還原時可能會想到很多詞語，比如「榮譽」，此時可以由「成」想到成龍，聯想到他手拿着奧斯卡獎盃，在電影上很有成就。綜合聯想一般在需要特別精準記憶時使用。

這五種轉化方式可以分別提取關鍵字「諧、字、拆、關、綜」，諧音成一句有意義的記憶魔法咒語：「鞋子拆觀眾」，想像你脫下鞋子把電影院的觀眾席給拆了。當你以後不會轉化抽象詞匯時，請你記得默念這句魔法咒語。

同一個詞可能會轉化為不同的形象，開始訓練時可以嘗試多想一些，拓展自己的發散思維能力，然後從中挑選出最簡單最形象的。比如「民主」，可以諧音想到「民族」、「明珠」、「名著」，相關想到「民主投票」，也可以拆合想到「農民遇見主席」，我會挑選「民主投票」這個形象。比如「和諧」，諧音會想到「河蟹」，倒字諧音想到「鞋盒」，相關會想到「和諧號動車」，拆合想到「和尚提着鞋子」，我最常用的是「和諧號動車」。

魔法練習 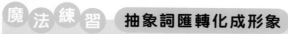 抽象詞匯轉化成形象

請將下列詞語使用「鞋子拆觀眾」的魔法咒語，轉化成具體的形象，可以把你能夠想到的都寫出來，並且把你覺得最簡單最形象的打上「✓」。如果你可以直接用簡筆劃畫出來，那就更棒啦！

抽象詞匯	形象畫面
意義	
原因	
綜合	
論點	
過程	
興趣	
性格	
信仰	
地理	
歷史	
哲學	
邏輯	
學習	
探索	

魔法練習　**中國人名的記憶**

下面的人名選自梁山 108 好漢，請用抽象轉形象的方式進行記憶。

陶宗旺	郝思文	呼延灼	單廷珪	皇甫端
鄭天壽	安道全	段景住	郁保四	宣贊

記憶魔法學徒分享　**韓廣軍、王佳誠、劉麗娜**

姓名	記憶方式
陶宗旺	陶瓷杯子上有一隻棕色的旺財狗。
郝思文	童星郝邵文托着腦袋在思考文章怎麼背。
呼延灼	呼啦圈在道路延長線上滾動時灼燒了起來。
單廷珪	我用扇（單）子搧宮廷裏的一隻小烏龜（珪）。
皇甫端	穿着皇帝衣服的杜甫雙手端着一碗水。
鄭天壽	鄭成功去天宮摘下好多壽桃帶給人們。
安道全	在公安局的走道裏，犯人戴着安全帽往前衝。

（二）抽象數字轉化訓練

數字雖然只有 0～9 這 10 個，但隨機組合之後順序不好記，記憶大師的秘密武器就是數字編碼，也就是將數字 00～99 分別轉化成具體的形象。國外記憶大師的書裏轉化方式比較複雜，中國人一般通過發音、形狀和意義來轉化。

從發音的角度，諧音是用得最多的，也有一些是擬聲，比如 55 的聲音類似火車的嗚嗚聲，所以 55 的編碼是「火車」；44 像是蛇發出的嘶嘶聲，所以 44 的編碼是「蛇」。

從形狀的角度，有少量的數字比較像具體的實物，比如 1 的形狀像蠟燭，2 的形狀像鵝，3 的形狀像耳朵，10 像棒球棍加上一個棒球。

從意義的角度，主要是相關的聯想，比如節日，三八婦女節、五四青年節、六一兒童節，我們可以分別挑選一位典型的婦女、青年和兒童的形象。有時也會用到一些知識，比如一盒香煙有 20 根，所以 20 編碼成「香煙」。

根據這三種轉化方式，任何數字都可以想到很多種，比如 35，諧音可以想到「山虎」或「珊瑚」，相關可以想到 555 牌香煙，我們可以從中挑選比較形象且生動的，作為自己常用的數字編碼。

下一頁我提供我教學常用的一套編碼，供大家在記憶數字時參考。

數字編碼具體如何使用，後面會有章節詳細講到。

記憶魔法師數字編碼表

00	望遠鏡（形）	01	小樹（形）	02	鈴兒	03	三腳凳（形）
04	汽車（四個輪）	05	手套（形）	06	手槍（6發子彈）	07	鋤頭（形）
08	溜冰鞋（8個輪）	09	貓（9條命）	10	棒球（形）	11	梯子（形）
12	椅子	13	醫生	14	鑰匙	15	鸚鵡
16	石榴	17	儀器：顯微鏡	18	腰包	19	衣鉤
20	香煙（20根）	21	鱷魚	22	雙胞胎	23	和尚
24	鬧鐘（24小時）	25	二胡	26	河流	27	耳機
28	惡霸	29	餓囚	30	三輪車	31	鯊魚
32	扇兒	33	閃閃的紅星	34	三（條）絲巾	35	山虎
36	山鹿	37	山雞	38	婦女（節日）	39	三九胃泰
40	司令	41	蜥蜴	42	柿兒	43	死神
44	蛇（嘶嘶聲）	45	師傅	46	飼料	47	司機
48	石板	49	濕狗	50	奧運五環	51	工人（節日）
52	鼓兒	53	烏紗帽	54	青年（節日）	55	火車（嗚嗚聲）
56	蝸牛	57	武器：坦克	58	尾巴：松鼠	59	蜈蚣
60	榴槤	61	兒童（節日）	62	牛兒	63	流沙：沙漏
64	律師	65	尿壺	66	蝌蚪（形）	67	油漆
68	喇叭	69	料酒	70	冰激凌	71	雞翼

72	企鵝	73	花旗參	74	騎士	75	西服
76	汽油	77	機器人	78	青蛙	79	氣球
80	巴黎：埃菲爾鐵塔	81	白蟻	82	靶兒	83	芭蕉扇
84	巴士	85	寶物：金元寶	86	八路	87	白旗
88	爸爸	89	芭蕉	90	酒瓶	91	球衣
92	球兒	93	舊傘	94	舊首飾：手鐲	95	救護車
96	舊爐	97	舊旗	98	球拍	99	澳門（1999年回歸）：區徽
0	呼啦圈（形）	1	蠟燭（形）	2	鵝（形）	3	耳朵（形）
4	帆船（形）	5	秤鈎（形）	6	勺子（形）	7	鐮刀（形）
8	眼鏡（形）	9	口哨（形）				

注：

(1) 大部分是使用諧音，除此之外都在括號裏標明，個別編碼看圖片會更加清晰，比如 01 小樹；0 代表花壇，1 代表着樹幹；03 三腳凳；0 代表着圓形的凳面，3 代表三條腿。

(2) 有一些轉化後依然還不夠具體，冒號後面代表着進一步轉化的形象，比如 58 的編碼是「尾巴」，因為松鼠的尾巴特別大，所以聯想到松鼠；17 諧音想到「儀器」，但是儀器的種類繁多，所以挑選「顯微鏡」作為代表。另外，裏面的爸爸、婦女、兒童、青年、律師、醫生等，大家也可以想到自己熟悉的人物。

(3) 後面還有 0～9 的數字編碼，主要是有些時候需要記憶 392 這樣的三位數，可以拆開成 39 和 2；而記憶 3902 時，則可以拆開成 39 和 02。

(4) 國外的記憶大師有使用三位數編碼的，從 000 至 999 共有 1000 個，我也在 2010 年時編了一套，原理和上面是一樣的。比如 102 諧音為「衣領兒」，314 諧音為「攝影師」，111 由形狀想到「梅花椿」；從意義的角度，214 想到情人節的玫瑰花。初學者可以不用刻意去編三位數編碼，因為掌握起來需要一兩個月，並不划算。

（三）抽象圖形轉化訓練

　　抽象的圖形，記憶起來也很令人抓狂，《最強大腦》上辨識指紋、虹膜、臉譜等項目，考查的就是抽象圖形轉化成具體形象的技巧。世界腦力錦標賽上有一個項目叫「抽象圖形」，每一排有 5 個「四不像」的圖形，需要快速記憶每一排的順序，要做的第一步也就是轉化成形象，下面的三排大家可以嘗試着挑戰一下。

　　我們在觀察時主要有五個角度：

　　整體、局部、紋理、留白、腦補。

　　從整體上看，第一排第二個圖形，像一隻張開翅膀的小鳥；第二排第二個圖形，像一隻跳躍的兔子。

　　從局部來看，第一排第一個圖形，上面伸出來的部分像兔子的耳朵；第三排的第四個圖形，左邊和上邊的部分像一個對話框。

　　從紋理來看，第一排第四個圖形，裏面黑色的斑點很像乳牛或甲蟲；第二排第一個圖形，裏面像是淺淺的花生紋路或者是水的波紋。

留白，是指圖形裏面中空的部分，從留白來看，第一排第三個圖形，下面空出的部分是個三角形，可以想成三角板的形象；將第二排第一個逆時針旋轉 90 度，裏面的兩個空白像是面罩上的眼睛。

腦補，就是把圖形當成另一個大圖的局部，通過想像來腦補出其他的部分。比如第二排第一個，像藍精靈的頭，可以將身體其他部分腦補出來。

每個抽象圖形根據上面的五個角度，都可以想到不同的形象，只需要從中挑選出最容易想到的即可。這是一個非常棒的訓練觀察力和想像力的練習。

下面是我的學生賈鈺茹練習後通過整體和腦補兩種方式畫出來的圖像。

鴨爸爸

睫毛

鴨媽媽，馬上就可以給你的嘴做手術

部分衣領

寒風凜冽

滑冰

歡迎光臨，裏邊請

• 賈鈺茹繪圖 •

魔法練習　中國省份輪廓的記憶

　　我讀初中時學習地理，很頭疼的就是記住省份或國家的輪廓，那時老師告訴我們，多畫地圖就記住了，但是實際上很容易混淆，而且保持的時間也不久。下面有中國 16 個省市的輪廓圖，請將它們分別想像成具體的形象來記憶。

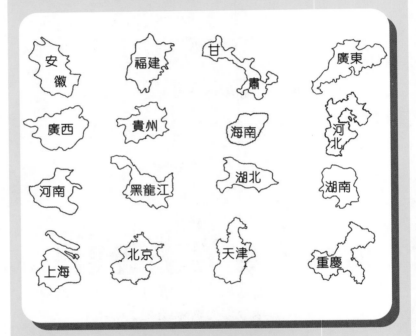

　　魔法點睛：要想印象深刻地記憶下來，需要我們發揮想像力進行轉化，這 16 個省市的地形圖只有輪廓，裏面的紋理和留白都沒有，只有觀察整體像甚麼，或者通過腦補的方式。這個並沒有標準答案，你可以想到任何相近的形象，請你自己先想像，再來看看賈鈺茹同學的分享，讓你的腦洞開起來！

賈鈺茹同學的分享:

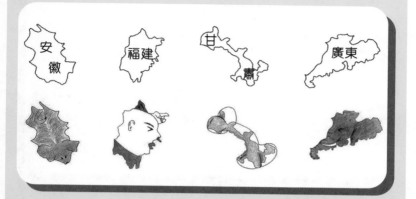

　　「安徽」像一隻趴在地上的小狗;「福建」像一個凍得流鼻涕的光頭,喊着「拿帽子來!」;「甘肅」腦補出來像是骨頭;「廣東」像是大象的頭。

　　「廣西」像倒過來的水母;「貴州」像一隻可愛的小熊維尼;「海南」像一根倒過來的紅蘿蔔;「河北」像冬天裏戴帽子的少年。

　　「河南」像一隻小狗的頭;「黑龍江」像一隻「曲項向天歌」的鵝;「湖北」像一個電鑽;「湖南」像長鼻子的老奶奶。

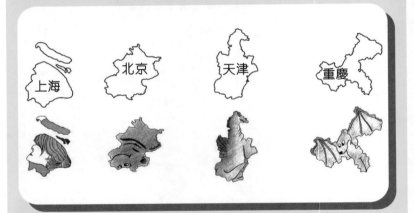

　　「上海」像是正在梳頭的女人;「北京」像一隻倒過來的河馬;「天津」像站立着的恐龍;「重慶」像一隻飛翔的蝙蝠。

• 賈鈺茹繪圖 •

❹ 想像力的提升技巧

到這裏，文字、數字和圖形的轉化技巧我都已經分享了，你可能會發現，好需要想像力啊！不要緊，不是誰一開始就是想像力豐富的。

那麼，想像力如何激發出來呢？

1. 要多看一些想像力豐富的影視作品或者動畫片，比如《哈利波特》（Harry Potter, 2001）、《阿凡達》（Avatar, 2009）、《22 世紀殺人網絡》（The Matrix, 1999）、《奇異博士》（Doctor Strange, 2016）等。

2. 處處留心，觀察天上的雲彩、牆上的斑點、地上的水漬、地板的紋路，可以看看像甚麼，你會發現很多有意思的東西。

3. 看一些小說或詩歌時，在腦海中自己想像畫面，再對照相關的影視作品或者插圖，比如看《西遊記》，我聽過評書版，看過連環畫版，再和電視劇來對照。

4. 和小朋友以及想像力豐富的人一起玩耍和交流，讓自己僵化的大腦活躍起來。這本書上的練習，也可以和小夥伴一起交流，三個臭皮匠，勝個諸葛亮。

5. 通過上面的抽象圖形訓練，讓你的想像力不斷精進。

抽象轉化成形象是記憶的關鍵一步，通過轉化記住省市的輪廓後，如果城市名稱和轉化的形象還不能對上號，這時就要用到第二根魔棒：配對聯想法，比如「天津」和恐龍，可以想像天津狗不理包子餵給恐龍吃，恐龍一口氣吃了十籠包子。這樣看到地形圖想到是「恐龍」，就會比較容易想到「天津」了。

魔法小結

　　形象記憶法是將要記憶的材料轉化為腦海中的形象，從而幫助我們用右腦來進行記憶。本節主要從靜態形象、動態形象、抽象轉形象、想像力提升四個方面分享了技巧。

- 靜態形象，我們進行了照相記憶訓練，在觀察的基礎上，通過視覺殘留和語言描述，加上多次檢測和強化細節來清晰成像。

- 動態形象，通過形象活化訓練和情境畫面冥想訓練，從視覺、聽覺、嗅覺、觸覺、動感全方位去感受形象，喚醒我們大腦的想像力。

- 抽象轉形象訓練的技巧分別如下：

  ◎ 文字轉化的技巧包括諧音聯想、增減倒字、拆合聯想、相關聯想、綜合聯想，組成記憶魔法咒語：「鞋子拆觀眾」。

  ◎ 數字轉化的技巧包括發音、形狀和意義。

  ◎ 圖形轉化的技巧包括整體、局部、紋理、留白、腦補。

- 想像力提升的技巧包括：看想像力豐富的影視作品，觀察雲彩等並想像畫面，看小說或詩歌來想像畫面，和想像力豐富的人交流，做抽象圖形的轉化訓練。

（二）第二根魔棒：配對聯想法

「天對地，雨對風，大陸對長空。山花對海樹，赤日對蒼穹。」熟悉《笠翁對韻》的朋友，對這句話應該耳熟能詳，這裏面的訊息都是成對出現的。在我們要記憶的訊息裏，也有很多是成對的，比如面孔與名字、單詞與意思、作家與作品、商品與價格等。在考核時提供其中一項，需要回憶出另外一項。

死記硬背成對訊息容易遺忘，還會張冠李戴，就好像兩個陌生人要彼此熟識，需要更多的時間建立信任感，而如果有熟人介紹，則能夠比較快就彼此交心。在記憶裏，「聯想」就相當於是熟人，負責牽線搭橋，將記憶加固。

塞巴斯蒂安・萊特納在《學習這回事》裏提出：「當兩個聯想物件在半秒內交替出現時，大腦會對兩個智力反應結果間、訊息和動作間、刺激和反應間、問與答間的關係，以最快最好的方式將這兩個聯想物件聯結起來，這就是所謂的『聯想』。」

當然，這裏指的是「無意識聯想」，是大腦進行的自動化操作；但如果兩個訊息之間缺乏聯繫，就需要我們使用一些技巧來聯想。我從形象訊息、抽象訊息、圖文訊息三個方面來舉例講解方法，並且分享在學習生活中應用的案例。

① 形象訊息配對聯想

形象訊息在腦海中容易產生畫面，比如「蘋果」、「麵包」、「手機」等，一般我們將兩個形象訊息聯想的技巧是「找共同點」，包括在音、形、義等不同的維度上。比如「掃帚」和「菜刀」，從形狀來看有一些類似，都有長柄和一個扁平的面；從意義上看，都屬家居生活用品。

記憶魔法師常用的形象訊息配對聯想的方法有四種：

（一）主動出擊法

在腦海中分別呈現出兩個形象，將其中一個主動對另一個發生動作，使它們彼此接觸並且產生一定的影響，記憶大師在記憶數字時，此種方式用得最多。

比如「掃帚」和「菜刀」，可以想像掃帚把菜刀當垃圾掃進了垃圾堆裏，或者想像用菜刀將掃帚砍成了兩半。又比如「手槍」和「油漆」，想像手槍打中了油漆桶，裏面的油漆四處飛濺，或者想像用油漆刷子把手槍刷成了綠色。

有時候適當加一些反常效果，記憶可能會更深刻。比如「錘子」和「玻璃杯」，用錘子砸玻璃杯，結果玻璃杯紋絲不動，而錘子卻碎成粉末。這是一個藥品的創意廣告，暗示裝過這個藥的玻璃杯可以百病不侵。

（二）另顯神通法

除了運用形象自身的動作之外，還可以借用類似物品的特徵動作，進行誇張的聯想，我稱之為「另顯神通法」。比如「掃帚」可以當成高爾夫球杆，把菜刀打飛出去；把「掃帚」當成蒼蠅拍，拍到菜刀上面，菜刀「啪」地裂成了兩半。

在我的面授課程上，助教韓廣軍老師會帶大家做一個遊戲：此椅非椅。每個同學需要上來賦予椅子一種神通，讓這張椅子不是椅子，而是變成其他的東西。同學們的腦洞很開，把椅子變成了手機、舉重的杠鈴、叉子、背簍、雨傘、扇子、結他、汽車、跑步機、板擦、輪椅、籃筐、掃把、梯子、舞伴等上百種東西，這就是「另顯神通法」非常直觀的呈現。

（三）媒婆牽線法

又稱「中介法」，通過一個中間事物將兩者建立聯想。「掃帚」

和「菜刀」之間，我想到了三種聯想方式：

（1）由菜刀想到了「菜」，把菜作為中介，用菜刀切菜產生了垃圾，用掃帚將垃圾打掃乾淨。

（2）由「掃帚」的材料想到「竹子」，用菜刀砍了很多竹子做成掃帚。

（3）由「掃帚」想到了哈利‧波特，想像哈利‧波特騎在掃帚上面，手裏拿着一把菜刀在打魁地奇比賽。

（四）雙劍合璧法

就是將兩個物品組合在一起，變成一個新的東西。比如鉛筆加橡皮就變成了帶橡皮的鉛筆，汽車加船就變成了水陸兩用的氣墊船。有時候，可能是其中一個東西替代了另一個東西的局部，比如橘子和汽車，想像一下橘子變成了汽車的四個輪子。

主動出擊　另顯神通

媒婆牽線　雙劍合璧

• 賈鈺茹繪圖 •

接下來我舉五組需要配對的形象訊息，示範如何用不同的方式來進行聯想。

第一組：燈泡 VS 水龍頭

主動出擊法：

- 打開水龍頭用水沖洗燈泡。
- 把燈泡擰進水龍頭下面的孔裏。
- 把燈泡砸到水龍頭上，燈泡的玻璃變成碎片。

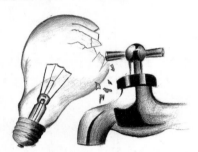

• 賈鈺茹繪圖 •

另顯神通法：

- 水龍頭變成生產燈泡的機器，燈泡源源不斷從裏面出來。

• 賈鈺茹繪圖 •

媒婆牽線法：

- 水龍頭流出的水淋到水車上發電，電點亮了燈泡。

• 賈鈺茹繪圖 •

雙劍合璧法：

- 水龍頭下面安着一個燈泡，燈泡下面有一些小孔，既可以照明又可以灑出水來。
- 燈泡安裝在水龍頭上，一摸燈泡它就感應點亮，就會自動出水。

• 賈鈺茹繪圖 •

第二組：鉛筆 VS 頭髮

主動出擊法：

- 用鉛筆畫美女的頭髮。
- 頭髮纏繞住正在寫字的鉛筆，把它纏得不能動彈。

另顯神通法：

- 把鉛筆當成飛鏢飛出去，扎中了頭髮。
- 用鉛筆當髮簪插進頭髮裏。

媒婆牽線法：

- 美女用小刀在削鉛筆，不小心削掉了幾根頭髮。
- 從頭髮上取下紮頭髮的橡皮筋，將一枝鉛筆捆起來。

雙劍合璧法：

- 鉛筆上面長滿了頭髮，變成了一個「鉛筆人」。
- 一根頭髮綁住了一枝鉛筆，變成寺廟裏迷你版的撞鐘木頭。

第三組：貓 VS 荷花

主動出擊法：

- 貓用爪子抓到荷花，把花瓣抓得零落一地。
- 貓用舌頭在舔荷花的花瓣，留下很多口水。

另顯神通法：

- 荷花像《植物大戰殭屍》（*Plants vs. Zombies, 2009*）裏的豌豆莢一樣，射出蓮蓬，打得貓身上千瘡百孔。

媒婆牽線法：

- 貓追一隻老鼠，老鼠四處逃竄躲進荷花池裏。
- 荷花謝了，結出了蓮蓬，貓用爪子在剝蓮蓬吃。
- 荷花寶座上坐着的佛陀，正在溫柔地撫摸一隻受傷的貓。

雙劍合璧法：

- 想像你設計出一件工藝品：一隻在荷花寶座上打坐的貓。
- 可以把多啦 A 夢的竹蜻蜓替換成荷花，可遮陽擋雨，旋轉可升天。

第四組：秒表 VS 足球

主動出擊法：

- 足球踢出去，射中了秒表，將秒表擊落在地上。

另顯神通法：

- 想像秒表變成一個炸彈，把足球給炸破了。
- 教練用秒表上面的繩子纏住足球，將足球提着回家。

媒婆牽線法：

- 踢足球比賽贏得了冠軍獎盃，教練獎勵了我一個新的秒表。
- 由秒表想到了世界腦力錦標賽上參賽者正在記憶撲克，裁判在身旁用腳顛着足球給他製造干擾，他依然很快拍下了秒表。

雙劍合璧法：

- 想像一個足球形狀的秒表，踢一腳開始計時，再踢一腳停止計時。
- 想像有一個秒表的按鍵是足球的形狀，按上去軟軟的。

第五組：手機 VS 即食麵

主動出擊法：

- 吃即食麵之前，我拿手機拍照發至社交平台。

另顯神通法：

- 我用手機拍裂即食麵的麵餅，再把即食麵壓碎當乾脆麵吃。
- 我泡即食麵時用手機壓在上面，防止熱氣冒出來。

媒婆牽線法：

- 我用手機打電話叫外賣，送來一碗即食麵。
- 我舉起熱水壺想要泡麵時，把熱水倒在手機上面了，哇呀！

雙劍合璧法：

- 網上有售即食麵形狀的手機鏈，可以掛在手機上面。
- 即食麵圖案的手機殼，吃貨必備，餓了把手機翻過來看看！
- 即食麵廠家促銷，每一盒麵裏贈送一個手機模型。

　　我們在平常訓練時，可以先以一種方式為主，逐步適應這四種不同的方式。我使用主動出擊法的頻率最高，但也會根據情況靈活使用其他方式。

下面我列出了 10 組詞，每一組請至少想到 3 種聯想方式，並且將它們寫下來或者簡單畫出來。完成後，你可以和你的小夥伴一起 brainstorming！

（1）毛巾 VS 注射器

_____

（2）飛機 VS 馬桶

_____

（3）檯燈 VS 醬油

_____

（4）棒棒糖 VS 咖啡

_____

（5）粉筆 VS 鍵盤

_____

（6）嬰兒 VS 鯉魚

_____

（7）項鏈 VS 保齡球

_____

（8）石頭 VS 榴槤

_____

（9）地毯 VS 牛

_____

（10）朱古力 VS 銀行

_____

魔法練習　食物與日用品配對聯想

　　有些食物可以達到日用品的功效，請嘗試用配對聯想法記憶，並將你的想法寫下來。

美容大餐	日用品	配對聯想
菠菜	眼藥水	
櫻桃	潤唇膏	
奇異果	牙膏	
雞蛋	護髮素	
香蕉	潤膚露	
雞肉	護甲油	
檸檬	減肥藥	

測試時間：

美容大餐		菠菜		雞肉	奇異果		雞蛋
日用品	減肥藥		潤膚露			潤唇膏	

記憶魔法學徒分享　姜濤、陳詩發、江丹、鄭開心等

（1）菠菜 VS 眼藥水

- 菠菜葉子上擠出水，滴到眼睛裏當眼藥水。
- 用十幾瓶眼藥水倒在盆子裏洗菠菜。

- 「菠菜」想到愛吃菠菜的大力水手，大力水手眼睛不舒服在滴眼藥水。

（2）櫻桃 VS 潤唇膏

- 在櫻桃小嘴上塗潤唇膏。
- 我手裏拿着一顆櫻桃，擠出汁液塗抹在嘴唇上來潤唇。

（3）雞蛋 VS 護髮素

- 把雞蛋打碎讓蛋白流入護髮素的瓶子裏。
- 洗完頭髮，發現護髮素用完了，打一個雞蛋抹在頭上，頭髮馬上油光閃亮。

（4）香蕉 VS 潤膚露

- 把香蕉打成蓉，洗澡時塗抹在身上當潤膚露，滑滑的，很舒服。
- 我在吃香蕉前，用潤膚露洗乾淨香蕉皮，連皮一起吃了進去。

（5）雞肉 VS 護甲油

- 在肯德基吃完雞肉，指甲上面全是油，可以保護指甲讓它更有光澤。
- 我把護甲油塗在雞的爪子上，太陽一照，金光閃閃。

（6）檸檬 VS 減肥藥

- 檸檬一擠，裏面的汁就出來了，瀉下來就相當於減肥了。
- 我吃了檸檬就會拉肚子，然後就吃不下飯，一天就減了好幾千克呢！

❷ 抽象訊息配對聯想

　　形象訊息的配對聯想相對簡單，我們在平時的學習中，更多接受的是抽象訊息。最多的是文字訊息與文字訊息之間的關係，比如歷史裏會學到《海國圖志》的作者是魏源，我們需要將「海國圖志」和「魏源」這兩個訊息對應記住。一般來說，抽象文字訊息之間的配對有三種方式：

（一）關鍵字組合法

　　當我們對於兩個訊息都比較熟悉時，可以各自挑選出一個字或多個字，組合起來正好是我們熟悉的詞語或句子。比如「智利」的首都是「聖地亞哥」，可以挑選「智」和「聖」，組合起來諧音想到「聖旨」；「汶萊」的首都是「斯里巴加灣市」，可以挑選「汶」和「斯」，組合起來就是「斯文」。這個熟詞就是一個「配對環」，將兩個訊息聯結在一起。

（二）先轉再配法

　　先要將抽象文字通過上一章（P.48）的魔法咒語「鞋子拆觀眾」，分別轉化為形象訊息，再進行配對聯想。比如「適應」和「分析」，「適應」諧音想到「石英」，「分析」相關想到「顯微鏡」，想像用顯微鏡在觀察分析石英的組成成分。

　　一些特別熟悉的詞語，可以只挑選關鍵字詞的形象，比如「阿姆斯特丹是荷蘭最大的城市」，「阿姆斯特丹」可以由「阿姆」想到自己的媽媽，「荷蘭」想到其典型的代表就是「風車」，想像媽媽在荷蘭爬上了大風車。

（三）組合轉化法

　　先將兩個要記的訊息觀察分析，看看有沒有一些聯繫，再靈

活地進行整體形象轉化。比如「統率」和「溝通」，可以很容易想到統帥在溝通，想到一個將軍和部下溝通事情的畫面；「成就」和「行動」，通過邏輯可以想到，要想有所成就，就必須有所行動，想到一個奧運冠軍通過努力奔跑，最終奪得金牌的畫面。

　　第二種和第三種方式的區別在於，第二種是不管有沒有看到對方，先把自己轉化了再說，操作比較「傻瓜式」，容易上手，如果先看到一個詞，過一段時間才能看到配對的詞，使用此法較好；第三種是先看到對方，根據情況來靈活轉化，會更有針對性，一般我更常採用此法，如果不太容易想到，再換第二種方式。

　　我以兩對詞語為例，讓你更清楚地看到它們的區別。

第一組：統籌──信仰

　　先轉再配法：看到「信仰」我會很快想到寺廟，「統籌」用拆合和諧音想到一桶籌碼，配對想到我拿着一桶籌碼到寺廟裏去捐善款。

　　組合轉化法：由這兩個詞語我想到了電影《少年派的奇幻漂流》(Life of Pi, 2001)，主人公帕帖爾的信仰包括印度教、基督教、伊斯蘭教等，想到他在紙上統籌規劃，如何讓參加不同宗教活動的時間不衝突。

第二組：和諧──經濟

　　先轉再配法：「經濟」會想到「金雞」，「和諧」會想到「和諧號動車」，一隻金雞在和諧號動車裏撲騰着翅膀到處亂飛。

　　組合轉化法：由「經濟」瞬間會想到「經理人」，然後就想到某位著名影星與他的前經理人之間不和諧的事件。

魔法練習　國家與首都的配對聯想

想要周遊世界需要有一些地理常識，下面是五個國家對應的首都，請嘗試進行配對記憶吧；並將你的想法寫出來。

國家	首都	配對聯想
巴林	麥納麥	
尼泊爾	加德滿都	
馬爾代夫	馬累	
秘魯	利馬	

測試時間：

國家	巴林	尼泊爾		秘魯
首都			馬累	

記憶魔法學徒分享

（1）巴林 ── 麥納麥

陳德永：「巴林」拆合為「停滿巴士的樹林」，「麥納麥」拆合為「麥迪拿着麥克風」，最終想像的畫面是，在停滿巴士的樹林裏，麥迪坐在樹上拿着麥克風在喊話：「所有巴士，準備出發！」

錢娓：「巴林」拆合加諧音想到「爸爸的樹林」，「麥納麥」由「麥納」想到「麥辣雞腿包」，想像一下爸爸在樹林裏種了長着麥辣雞腿包的麥子。

（2）尼泊爾 —— 加德滿都

陳德永：直接諧音想到「你不二，假的蠻多」。想像我有個朋友，看起來傻傻的樣子，但實際他裝假裝得蠻多的，經常暗地裏使壞害別人。

張舒：「尼泊爾」很容易想到尼泊爾水怪，想像尼泊爾水怪把熱水瓶加得滿滿的都是水。

（3）馬爾代夫 —— 馬累

白宇晨：「馬爾代夫」拆合想到馬耳朵上掛着袋子，袋子裏裝着一個車夫，馬累得趴下了！

錯誤示範：馬爾代夫的馬很累。

魔法點睛：這句話只是左腦的語言描述，「馬爾代夫」換成任何國家都可以，馬很累也沒有具體的表現，所以聯想還不夠緊密。馬爾代夫是度蜜月的天堂，可以想像成有很多馬的小島，很多對夫妻都騎在一匹馬上，這馬當然就累趴下了。

（4）秘魯 —— 利馬

白宇晨：便秘的魯智深吃了瀉藥，立（利）在馬上就拉了。

田鑫：「利馬」用倒字諧音想到明星「馬麗」，想像馬麗當上了魯迅的小秘書，幫他整理書稿。

記憶魔法師教你超實用學習記憶法

魔法練習　作家與作品的配對記憶

下面列出了五本中外名著，請配對記憶其作者，並且分享你的想法。

作家	代表作	配對聯想
司湯達	《紅與黑》	
福樓拜	《包法利夫人》	
雨果	《悲慘世界》	
李汝珍	《鏡花緣》	
李寶嘉	《官場現形記》	

測試時間：

作家	司湯達			李汝珍	李寶嘉
代表作		《包法利夫人》	《悲慘世界》		

記憶魔法學徒分享

（1）司湯達《紅與黑》

官晶：司機載着湯送給演員郭達，他喝完在紅毯上穿着黑衣行走如飛，非常搶鏡。

付春蕾：司馬光喝的湯一半紅一半黑，簡直難以下嚥。

（2）福樓拜《包法利夫人》

肖麗：福娃在樓梯上拜倒在包法拉利車的夫人的裙擺下。

官晶：福爾康站在樓上說拜拜，對一個揹着名包、開法拉利的夫人。

（3）雨果《悲慘世界》

陳進毅：我餓得快不行了，看見雨把蘋果都沖到陰溝裏，我瞬間哭了，感覺這個世界太悲慘了。

辛鴻博：大雨打落了果實，地上全部都是，農夫很悲慘地哭了起來。

（4）李汝珍《鏡花緣》

付春蕾：由「李汝珍」想到「李時珍」，想像他男（汝）扮女裝到裝滿鏡子的花園（緣）裏對着鏡子打扮。

靳亭亭：李時珍喝着乳（汝）酸菌，進入京華園（鏡花緣）尋找草藥。

（5）李寶嘉《官場現形記》

辛鴻博：小李子抱着寶物夾（嘉）子，打開一照，就能讓官員現出原形。

李開源：托塔李天王的寶貝兒子哪吒得到了玉帝的嘉獎，得意地在官場現出了自己的原形。

錯誤示範：

（1）司湯達氣得臉又紅又黑。

(2) 福樓拜被包法利夫人包了。

(3) 雨果有個悲慘的世界。

(4) 李汝珍喜歡看《鏡花緣》。

(5) 李寶嘉一到官場，狗尾巴就現形了。

魔法點睛：以上的錯誤示範是典型的錯誤，名字沒有形象轉化，如果把名字換成其他作家，一樣都可以說得通，所以這樣的配對是「假配對」。當然，如果你清楚作家長甚麼樣子，比如李汝珍，可以直接想像其形象，但也要注意配對時不能只是陳述，比如李汝珍喜歡看《鏡花緣》，因為換成他喜歡看其他作品都是可以的；所以配對聯想一定要有具體的畫面，建立比較緊密的聯結。如果對作品名字比較熟悉，提取關鍵字「花緣」即可，想像李汝珍拿着缽在花叢裏找人化緣。

魔法練習　皇帝廟號與名字的配對記憶

看了很多清宮虐心劇，你能將清朝皇帝的廟號和名字對應上嗎？下面四位皇帝的廟號，請嘗試用配對聯想法記憶下來。

(1)「清仁宗」「嘉慶」　　　　(2)「清文宗」「咸豐」

記憶魔法學徒分享

(1) 清仁宗　嘉慶

扈晨曦：挑取「仁」和「嘉」，諧音組成詞：人家。

王量：「仁」聯想到杏仁，杏仁家族慶祝沒被吃掉。

李胡銳：嘉慶的「慶」和「仁」想到杏仁，嘉慶在吃杏仁。

魔法點睛：扈晨曦挑取關鍵字組合成熟悉的詞「人家」，也可以想成是「家人」。王量的可以想像很多杏仁圍在桌前舉杯相慶，旁邊有張開的嘴巴要咬過來。李胡銳的聯想，如果清楚「嘉慶」是怎樣的形象，也可以用他來作為主角。我由「仁」想到了蝦仁，想像首富李嘉誠在公司慶典上端起蝦仁，分發給員工們吃。

（2）清文宗　咸豐

夏琮祺：「咸豐」的「豐」諧音成「風」，和「文」組成熟悉的詞語：文風。

賀梓洋：「文」諧音「聞」，「豐」諧音「風」，我想到英法聯軍攻陷了大沽，一些大臣聞風而逃。

黎滿意：「文宗」聯想到高考文綜試卷，「咸豐」想像為很鹹的蜂蜜，考文綜時喝一口很鹹的蜂蜜來提神。

魔法點睛：夏琮祺和賀梓洋都是取關鍵字來配對，分別想到了「文風」和「聞風」，相比較，賀梓洋描述了一個場景來助記，如果「聞風」可以呈現出聞到風的味道這個誇張的畫面，記憶效果會更好。

黎滿意發現「文宗」放在一起可以想到「文綜」，非常讚，配對聯想時注意要有主角，一般可以想到自己或者相關人物，如果能夠描述喝完以後的結果，比如喝一口就緊皺雙眉，艱難下嚥，會讓人印象更深刻。

❸ 圖文訊息配對聯想

　　有些特定的場合，我們還需要將圖像訊息與文字訊息進行配對，比如記憶省市輪廓對應的省市名稱，記憶國旗對應的國家名稱，記憶面孔對應的人名，記憶各種 LOGO 對應的品牌名稱。圖文之間的配對聯想，可以將抽象的圖形和文字分別轉化成形象後再配對，我就拿國旗對應的國家來舉例，請看下圖的四面國旗。

克羅地亞　　　　　　　　　　伊朗

莫桑比克　　　　　　　　　　危地馬拉

魔法點睛：

　　克羅地亞：由「羅」想到「蘿蔔」，中間盾牌的形狀像蘿蔔，下面是土地，所以「克羅地亞」聯想成一根蘿蔔插在地上，壓了進去！

　　伊朗：中間像一隻動物，如果「伊朗」諧音為「一狼」的話，可以想像它是一匹狼。另外，白色部分像是一條走廊，所以「伊朗」也可以諧音為「一廊」。

　　莫桑比克：左邊是鋤頭和步槍擋在一本書前面，正好「比克」發音類似於「書」的英文「book」，整體諧音為「莫傷 book」，所以用武器來保護它。

　　危地馬拉：「危地馬拉」很容易想到在危險的地方把馬拉住，或者在跑馬拉松，國旗中間的卷軸寫着「警告」的話，後面應該是比較危險的禁區，到這裏還是拉住馬趕緊返回吧！

　　測試時間：

魔 法 小 結

配對聯想法是將兩個訊息通過聯想建立配對，想到其中一個就能夠想到另一個，本節主要從形象訊息、抽象訊息、圖文訊息三個方面進行講解。

- 形象訊息配對聯想的四種方法：

  1. 主動出擊法。

  2. 另顯神通法。

  3. 媒婆牽線法。

  4. 雙劍合璧法。

- 抽象訊息的三種方法：

  1. 關鍵字組合法。

  2. 先轉再配法。

  3. 組合轉化法。

- 圖文訊息配對聯想的方法，將抽象的圖片和文字分別轉化為形象之後再進行配對。

配對聯想法以形象記憶法為基礎，需要熟練掌握抽象轉形象的能力，同時能夠靈活創造訊息之間的聯繫，這需要我們的理解力、分析力和想像力。多多練習配對聯想法，你會發現宇宙萬物都可以彼此聯繫。這根魔棒是下一根魔棒「定椿聯想法」的基礎，它可是一根更加強大的魔棒哦！完成本節的練習，我們再繼續修煉新的魔棒吧！

第三根魔棒：定樁聯想法

一位患者問聰明的阿凡提：「我的記憶力衰退，每想起一件事，它就像長了翅膀，非常容易就從我的腦子裏跑掉了，您看能治嗎？」阿凡提說：「能治，以後每想起一件事的時候，請您用一根繩子把它牢牢地拴住！」

這雖然是一個笑話，但今天要學習的定樁聯想法，就相當於是用繩子分別拴住要記憶的訊息。我們首先要認識「樁子」。樁子是已經熟悉的、有順序的、有特徵的一系列形象，我們把需要按照順序記憶的訊息，分別和每一個樁子進行配對聯想。就像我們有 10 個櫃子，分別貼上 1～10 的號碼，現在把 10 件寶貝分別藏在櫃子裏，我們可以按順序正着、反着說出每個櫃子裏的寶貝，也可以隨意點哪個寶貝說出對應櫃子的序號，這就是所謂的倒背如流和任意點背。

甚麼樣的東西可以作為記憶樁呢？我們根據順序的類型，以及是否熟悉和形象，可以創造出不同類型的樁子。

1. 空間順序。在我們熟悉的房間或景點，按順序找不同的地點或物品，熟記之後即可作為「地點樁」，或稱「路徑樁」；按順序選擇身體的部位來定樁，稱為「身體樁」；選擇任意物品按順序拆解成不同部位，就是「物品樁」。

2. 時間順序。一些技能的操作步驟，是按照時間依次呈現的，我們將其分解為不同的動作，就可以作為「步驟樁」，比如每天起床後的步驟：開手機、穿衣服、上廁所、刷牙、洗臉、吃早餐等，步驟樁一般使用得較少。

3. 常識順序。熟知順序且比較形象的常識訊息，比如十二星座、十二生肖等，可以直接作為記憶樁。有順序但形象性不夠的，可以轉化之後作為樁子，比如熟悉 00～99 的形象編碼後，就可以將其作為「數字樁」；將字母 A～Z 分別進行編碼後，就

可以將其作為「字母樁」；挑選非常熟悉的詩句、成語、諺語等，將每一個漢字分別轉化成形象，就可以將其作為「熟語樁」；而直接把問答題的標題轉化成形象，就是「標題樁」，也稱為「內定樁」。

根據這個思路，我們其實還可以找到很多不同的樁子，本章我將重點講解最常用的地點樁、數字樁和熟語樁，掌握它們你就可以觸類旁通，創造屬你自己的樁子，幫助你記憶大量的訊息。

❶ 地點定樁法

法國拿破崙將軍以記憶力好著稱，據說他能對幾千名士兵的名字過目不忘，他有一句名言：「我是靠記憶力與敵人作戰的。」他還說：「一切事情和知識在我的頭腦裏安放得像在櫥櫃的抽屜裏一樣，只要打開一定的抽屜，就能取出所需要的材料。」他所使用的方法，可能就是地點定樁法。

在古羅馬時期，沒有紙筆和電腦，元老院的長老們為了演說和辯論，必須要記住大量知識才能出口成章，立於不敗之地。他們注意到自己家裏的家具、器皿的擺設是固定不動的，如果把需要記憶的內容與每樣物品進行聯想，那麼只要想起物件就可以想起所記憶的內容了，這樣就解決了「按順序記」的難題，這種方法被稱為「古羅馬室法」，也稱作「記憶宮殿法」。

這種方法在明朝時由利瑪竇傳到中國，他當時創作了一本書，叫作《西國記法》，也就是在港劇《讀心神探》裏出現的《記憶宮殿》，而英劇《神探夏洛克》(Sherlock, 2010) 裏福爾摩斯也擁有此神技。韓劇《記憶復仇》(Remember, 2015) 中的天才少年徐振宇講過一段話：「記憶不是背的，是用照片拍的，我腦海裏有好幾個房間，選出一個，再把照片放進去，需要的時候拿出來用就可以了！」這些編劇肯定都是「記憶宮殿」的狂熱愛好者。

世界記憶大師也都是使用記憶宮殿的高手，《最強大腦》第四季裏，武漢大學選手尤東梅挑戰「小人國之旅」時，直言採用的是「地點定位法」，她說：「這個記憶方法是可以通過訓練來掌握的，稍微學習一點對日常記憶還是挺有幫助的。」

那如何使用地點椿法呢？我們下面詳細來講解。

（一）打造地點椿

古希臘的《獻給赫倫尼》這本書，對地點椿提出了以下要求：

1. 最好在空寂無人或偏僻之處建構記憶的場景，因為嘈雜的環境往往會減弱印象。

2. 記憶的場景不應太雷同，例如，柱子與柱子之間的單調空間就不太理想，因為它們太相似，會令人感到困惑。

3. 記憶的場景還應該大小適中，不能太大，否則會令放置其中的形象不明顯；也不能太小，否則一系列的形象排列其中，將會顯得擁擠。

4. 記憶的場景光線也不應該太過強烈，否則放置其中的形象會顯得刺眼；也不能太陰暗，否則陰影會使形象模糊不清。

5. 各個場景距離應該適中，大約 30 英尺最好（注：我一般設置的是 0.5 ~ 1 米，1 英尺約為 0.3048 米。），如果視覺的形象離得太近或太遠，都會影響內在的視力。

幾千年過去，我們依然還在按照這些要求尋找地點椿，我把它總結為「地點椿黃金五法則」：

1. 熟悉。可以先從我們熟悉的地方開始，比如自己或親戚朋友家裏、學校、辦公室、公園等。要儲備大量地點時需要去陌生的地方找，一般在腦海中過兩三遍就能夠記下來，還可以拍照和錄影，回去多複習幾遍，也能轉化成熟悉的地點。

2. 順序。一般是按照順時針的方向來找，有時候逆時針也可以。在一條水平線上找盡量不要超過五個，比如超市貨架上的一排商品，這樣記憶順序會比較費勁。如果有高低錯落和角度變換，會更好一些。

3. 特徵。要有突出的形象特徵，最好是立體的，類似於掛畫、牆壁等過於平面的，初學者還是宜少用。另外就是同一組不要有相似的，比如把同樣的四張椅子都作為地點，這一定會混淆的。如果想把相同的兩張椅子都當作地點，可以選擇不同的局部，比如某一張用靠背，另一張用椅子腿。也可以增加一些東西來區別，比如某一張椅子上面加一個厚厚的坐墊。還有一種方式，就是變換它的角度，比如把一張椅子放倒。

4. 適中。除了上面提到的大小、距離、明暗等，我覺得還有一個是角度，如果過於仰視，比如看頭頂的吊燈，或者過於俯視，比如看水井裏的東西，都會因為角度問題而看不清楚全貌；所以我一般選擇在眼睛向上或向下各 45 度角的範圍內，有些情況可以適當蹲一下身子，或者站在椅子上，讓視角舒服一點。

角度還和我們離地點的觀察距離有關，太近了，地點顯得過大，只能看到局部，太遠了又看不清楚，所以我一般離它 1 米左右；如果地點本身比較大，就可以稍微離遠一點。就像你在電影院裏看電影，坐在太前排或太後排，太偏左或太偏右，看起來都不太舒服，坐在正中間第五六排比較合適。

5. 固定。就是說找的地點不能是經常移動的，比如一隻小狗、一個活人。特別是在經常生活的家裏找地點，如果地點變動了，使用起來容易混淆。當然，如果在陌生的地方找，只要我們記下來了，不管它們如何變都沒關係，以我們在大腦裏記得的為準。

在圖片裏面找地點樁不夠直觀，記憶效果很打折扣，我建議大家還是在現實生活中找地點，找地點的步驟如下：

客廳地點樁示範圖片

　　1. 概覽。大致參觀一下這個空間，看看依次有哪些適合作為地點樁。

　　2. 確定。正式參觀，在走動中挑選地點，邊挑邊數是第幾個。比賽選手一般以 30 個為一組，初學者可以嘗試先找 10 個。

　　3. 回想。閉眼回顧一下地點，依次在腦海中回想並說出名字，睜眼去鞏固那些沒有記住的。

　　4. 記錄。熟悉後將地點樁名字默寫在本子上，還可以嘗試拍照和錄影保存，在不清晰或者遺忘時方便複習。

　　5. 熟悉。在腦海中多次回憶地點，達到至少 1 秒回想一個的速度。

　　6. 使用。嘗試使用地點樁記憶，多次使用後地點就會更加熟悉。

（2）使用地點樁

這有 10 個地點的圖片，它們分別是：報架、沙發、方形桌、心形桌、盆栽、空調、飲水機、花瓶、投影機、水杯。10 張圖片並沒有呈現出地點之間的空間關係，所以不容易記憶順序；不過，多次公開演講的實踐證明，大部分人都可以看一兩遍視頻就全部記住。

在正式使用地點樁前，我們先在腦海中回憶一遍地點，接下來我以「中國十大古曲」為例，將每一個古曲名字轉化為具體形象，依次和每個地點樁進行配對聯想。配了圖，可以幫助你更好地理解和記憶。

中國十大古曲

《高山流水》

《廣陵散》

《平沙落雁》

《梅花三弄》

《胡笳十八拍》

《十面埋伏》

《夕陽簫鼓》

《陽春白雪》

《漁樵問答》

《漢宮秋月》

地點樁圖片示範

1. 報架

6. 空調

2. 沙發

7. 飲水機

3. 方形桌

8. 花瓶

4. 心形桌

9. 投影機

5. 盆栽

10. 水杯

地點1：報架，《高山流水》

　　想像在報架上方有一座山，在往下像瀑布一樣流水，水流到黑色的網上，水花四濺，把下面的報紙都打濕了。

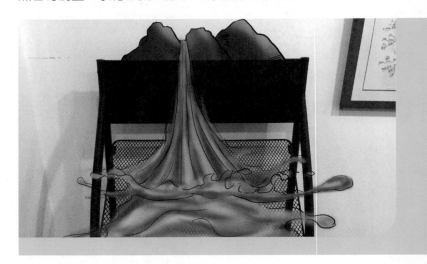

地點2：沙發，《廣陵散》

　　「廣」想到廣場舞，「陵散」諧音「零散」，想像在沙發上跳廣場舞的人，只有零零散散的幾個。如果「零散」不容易記住，可以諧音為「拎傘」，廣場舞大媽都拎着傘在跳舞。

地點3：方形桌，《平沙落雁》

方形桌上，花瓶的前面平攤着一堆沙子，落下來一隻大雁正在吃沙。

地點4：心形桌，《梅花三弄》

桌面上正好有三朵花，就把它當成是梅花，想像一個細路仔在擺弄着這些花。

地點5：盆栽，《胡笳十八拍》

胡笳是一種樂器，拿着它在拍盆栽，拍得枝都殘了，葉落了一地。如果不知道胡笳，可以轉化成狐狸拿着夾子在拍盆栽。

地點6：空調，《十面埋伏》

在空調後面，埋伏着幾個拿着武器的士兵。

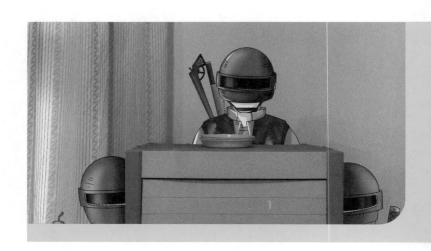

地點7：飲水機，《夕陽簫鼓》

夕陽下，一個老爺爺把飲水機當成小鼓在敲，把飲水機都給敲扁了。

地點8：花瓶，《陽春白雪》

在太陽下面有一棵柳樹，柳絮飛舞變成白色的雪花，飄落在花瓶上面。

地點9：投影機，《漁樵問答》

投影機上，一個漁夫正在船上捕魚，一個砍柴歸來的樵夫在旁邊問他問題。

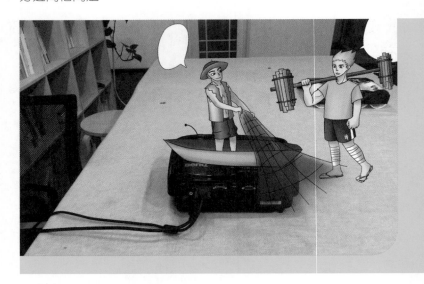

地點10：水杯，《漢宮秋月》

一個插着「漢」字旗幟的宮殿建在水杯的上面，在月亮之下，一個人拿着水杯喝酒賞月。

現在，複習一遍後，請回憶一下這 10 個地點椿，可以想出中國的十大古曲嗎？

1. ＿＿＿＿＿　2. ＿＿＿＿＿　3. ＿＿＿＿＿　4. ＿＿＿＿＿

5. ＿＿＿＿＿　6. ＿＿＿＿＿　7. ＿＿＿＿＿　8. ＿＿＿＿＿

9. ＿＿＿＿＿　10. ＿＿＿＿＿

在使用地點椿時，地點就相當於舞台，是在那裏不能移動的，而要記憶的訊息則相當於演員，主動跑過來進行配對聯想。地點椿一般都是提前找好並熟記在腦中，在需要記憶時從大腦裏提取出來。有時候，我也會靈活變通，根據訊息的特點來找地點，比如由提綱想到某個場景，然後在場景裏按順序確定相應數量的地點。

（三）管理地點椿

想要地點椿發揮更大的作用，需要找到大量的地點，一般記憶大師以 30 個為一組，至少有 50 組地點，那麼如何去管理這些地點呢？我尋找的地點椿，都會用本子記錄下來，記錄的內容包括在哪裏找的地點以及每一個分別是甚麼。如果條件允許，還會拍攝成視頻和圖片版，在電腦裏專門設文件夾保存。當然，如果找了不用，這些地點也會忘記，所以要在大量使用的過程中把地點熟悉起來。

在使用地點椿時，建議同一組不要一天使用多次，上面的訊息容易混淆，如果進行數字、撲克等記憶訓練，我一般每組地點每天只用一次。如果要用來記憶需要長期保存的訊息，比如背誦《論語》、《道德經》等國學經典，我們盡量就用專屬的地點，以後不要用它來記憶其他訊息。

你會發現，地點樁就相當於是電腦的硬盤，可以根據我們的需要來決定上面的訊息儲存多久，如果內存不足，我們需要再去找新的地點，或者刪除掉地點上不需要的訊息。刪除的方式，就像是清理黑板上的粉筆字一樣，一是長時間不管它，讓其自然地變淡甚至消失，但這個耗時比較久；二是用其他顏色的筆直接塗抹，就看不清楚原來的內容了，也就是直接記憶新的訊息來覆蓋舊的記憶；三是想像地點樁上發了大火或者大水，將這些圖像毀滅掉，但這樣也會有殘留。我一般會使用前兩種方式，隔兩天後用新訊息來覆蓋地點樁。

同一組地點樁如果使用得過於頻繁，比如連續使用三四十次之後，可能就沒有新鮮感了，記憶時容易出錯，可以考慮讓其休息一段時間，就像田地裏種農作物一樣，久了就沒有肥了，需要「拋荒」一段時間。另外也可以「施肥」，比如重新看看地點樁的視頻和圖片，發現一些已經淡忘的細節，讓地點的圖像變得更清晰，或者通過自己的想像，對地點樁進行「微整形」，添加一些細節或物品，讓我們對它多一些新鮮感，再記憶時就會印象更深刻。

❷ 數字定樁法

數字定樁法，就是用數字編碼的形象作為樁子，它的好處是，直接問第幾條，就可以說出對應的內容。我們可以用它來挑戰記憶《三十六計》、《易經》64 卦、梁山 108 好漢等訊息。

我以《易經》前面 10 卦為例，示範一下操作的步驟。

第一步：熟悉數字編碼形象並挑選要用的編碼。我們就用 1 ～ 10 的數字編碼，分別是蠟燭、鵝、耳朵、帆船、秤鈎、勺子、鐮刀、眼鏡、口哨、棒球。

第二步：將要記憶的訊息分別轉化成形象，和數字編碼進行配對聯想。

蠟燭 —— 乾卦：「乾」聯想到乾隆皇帝，他深夜還在點着蠟燭批閱奏摺。

鵝 —— 坤卦：「坤」想到歌星坤哥，他很喜歡旅行，想像他騎着鵝去西藏。

耳朵 —— 屯卦：「屯」想到「我的老家就住在這個屯門」這句話，並囤積了很多豬耳朵，留着冬天吃。

帆船 —— 蒙卦：想像帆船運動員蒙着眼睛在海裏航行，結果船翻了。

秤鈎 —— 需卦：「需」諧音想到鬍鬚，想像賣菜的老伯用鬍鬚纏住了秤鈎，用它來稱東西，吸引了很多人來購買。

勺子 —— 訟卦：「訟」可以想到訴訟律師，另外通過「送」這個動作來強調，想像訴訟律師拿着勺子給自己的當事人送食物吃。

鐮刀 —— 師卦：想像老師沒有剪刀，就用鐮刀為學生剪頭髮。

眼鏡 —— 比卦：根據讀音「比」，想到畢業典禮，想像在大學的畢業典禮上，同學們都爭相戴上了眼鏡，互相比較看看誰更帥。

口哨 —— 小畜卦：「小畜」聯想到小的牲畜，比如小雞，想像主人一吹口哨，一群小雞就圍過來搶食物吃。

棒球 —— 履卦：「履」想到坦克的履帶，棒球小子一球打出去，卡在坦克的履帶裏，把坦克給逼停了。

• 官晶繪圖 •

接下來，請嘗試複習一遍，再在下面默寫出來吧。

1. _____ 2. _____ 3. _____ 4. _____

5. _____ 6. _____ 7. _____ 8. _____

9. _____ 10. _____

　　請參考上面的方法，將 64 卦挑戰完畢，每完成 10 卦可以複習一下。如果對數字編碼很熟悉，挑戰這個需要一小時左右，完成後記得總複習，並且任意考核一下自己，然後再讓你的小夥伴們考考你吧！這個挑戰很重要，是建立記憶自信的關鍵步驟！挑戰成功後，可以小小地犒賞一下自己哦！

記憶魔法師的六根魔棒

1. 乾卦
2. 坤卦
3. 屯卦
4. 蒙卦
5. 需卦
6. 訟卦
7. 師卦
8. 比卦
9. 小畜卦
10. 履卦
11. 泰卦
12. 否卦
13. 同人卦
14. 大有卦
15. 謙卦
16. 豫卦
17. 隨卦
18. 蠱卦
19. 臨卦
20. 觀卦
21. 噬嗑卦
22. 賁卦

23. 剝卦
24. 複卦
25. 無妄卦
26. 大畜卦
27. 頤卦
28. 大過卦
29. 坎卦
30. 離卦
31. 咸卦
32. 恒卦
33. 遁卦
34. 大壯卦
35. 晉卦
36. 明夷卦
37. 家人卦
38. 睽卦
39. 蹇卦
40. 解卦
41. 損卦
42. 益卦
43. 夬卦
44. 姤卦

45. 萃卦
46. 升卦
47. 困卦
48. 井卦
49. 革卦
50. 鼎卦
51. 震卦
52. 艮卦
53. 漸卦
54. 歸妹卦
55. 豐卦
56. 旅卦
57. 巽卦
58. 兌卦
59. 渙卦
60. 節卦
61. 中孚卦
62. 小過卦
63. 既濟卦
64. 未濟卦

記憶魔法師教你超實用學習記憶法

實戰案例：有效學習技能的10個方法

　　喬希・考夫曼的《關鍵 20 小時，快速學會任何技能》這本書提出「有效學習技能的 10 個方法」，我示範用 11～20 的數字編碼（見第 52 頁）來記憶，分別是梯子、椅子、醫生、鑰匙、鸚鵡、石榴、儀器、腰包、衣鈎、香煙。

有效學習技能的10個方法

1. 收集訊息

2. 克服困難

3. 關聯類比

4. 逆向思維

5. 諮詢交流

6. 排除干擾

7. 間隔重複

8. 創建定式

9. 預期測試

10. 尊重生理

下面是我的聯想方式，可以結合配圖，看看可否看完兩遍便將其記住。

11. **梯子，收集訊息**：小男孩爬上梯子去收一堆信件。

12. **椅子，克服困難**：想像你家裏條件困難，椅子缺了條腿，你克服了這個困難，坐在椅子上面學習。

13. **醫生，關聯類比**：醫生用聽診器給患者做檢查，把症狀和病因進行了關聯，並且用筆（比）把它寫了下來。

14. **鑰匙，逆向思維**：一個倒立的思考者，拿着鑰匙正在開門。

15. **鸚鵡，諮詢交流**：頭上頂着大問號的人，正在向鸚鵡諮詢：「你的主人去哪兒了？」

16. **石榴，排除干擾**：石榴皮很厚，外界的噪聲干擾都被擋住了。

17. **儀器，間隔重複**：有一排顯微鏡，間隔一定的距離就會出現一個。

18. **腰包，創建定式**：孫悟空看到搶腰包的山賊要逃，喊了一聲：「定！」

19. **衣鈎，預期測試**：測試試卷插在玉器（預期）裏，玉器被繩子掛在牆上的衣鈎上面。

20. **香煙，尊重生理**：爸爸抽了一根香煙，馬上出現生理反應：咳嗽。

• 賈鈺茹繪圖 •

好了，嘗試複習並默寫出來吧！不清楚的細節，注意在複習時強化哦。

11. _____ 12. _____ 13. _____ 14. _____

15. _____ 16. _____ 17. _____ 18. _____

19. _____ 20. _____

數字定樁法的優點是：按序號提取時速度快，適合需要搶答的場合。不足之處是，數字樁的數量比較有限，如果用它重複記憶過多類似的訊息，也會出現混淆的情況，相較而言，地點樁的容量會更大，所以記憶大師使用最多。

❸ 熟語定樁法

熟語樁是選擇我們比較熟悉的詞組或句子，將每一個字分別轉化成具體的形象，然後和要記的訊息 —— 配對聯想。

我以《富爸爸窮爸爸》這本財商類暢銷書裏「開發財商的十個步驟」為例，你們先來熟悉一下內容，我們重點記憶後面的關鍵詞。

開發財商的 10 個步驟

1. 一個超現實的理由 —— 精神的力量。

2. 每天做出自己的選擇 —— 選擇的力量。

3. 慎重地選擇朋友 —— 關係的力量。

4. 掌握一種模式，然後再學習一種新的模式 —— 快速學習的力量。

5. 首先支付自己 —— 自律的力量。

6. 給你的經理人以優厚報酬 —— 好建議的力量。

7. 做一個「印第安給予者」—— 無私的力量。

8. 資產用來購買奢侈品 —— 集中的力量。

9. 對英雄的崇拜 —— 神話的力量。

10. 先予後取 —— 給予的力量。

第一步：要挑選出合適的熟語，最好是相關的，並且字數為十個，如果裏面有很多字都比較形象更好，我由「富爸爸窮爸爸」想到與貧富有關的詩句：「朱門酒肉臭，路有凍死骨。」

第二步：將這十個字分別轉化成具體的形象，有些需要使用諧音和組詞等技巧，但能夠用本來的字就用本來的字。

1. 朱 —— 朱麗葉

2. 門 —— 門

3. 酒 —— 酒

4. 肉 —— 肉

5. 臭 —— 臭豆腐

6. 路 —— 馬路

7. 有 —— 有道詞典

8. 凍 —— 果凍

9. 死 —— 死人

10. 骨 —— 骨頭

第三步：將需要記憶的訊息，分別和椿子進行配對聯想。比如「朱麗葉」和「精神」，想像朱麗葉得知羅密歐死亡後，精神崩潰住進了精神病院。接下來的九個你可以練習一下，並且將你的想法寫出來。

魔法練習　熟語樁記憶財商十大步驟

1. 朱 —— 朱麗葉，精神：_____

2. 門 —— 門，選擇：_____

3. 酒 —— 酒，關係：_____

4. 肉 —— 肉，快速學習：_____

5. 臭 —— 臭豆腐，自律：_____

6. 路 —— 馬路，好建議：_____

7. 有 —— 有道詞典，無私：_____

8. 凍 —— 果凍，集中：_____

9. 死 —— 死人，神話：_____

10. 骨 —— 骨頭，給予：_____

　　有些樁子的「字」在轉化前，如果先看看配對的內容，可能會發現更好的轉化方法，比如「有」和「無私」，「有」、「無」是反義詞，此時就不需要轉化成「有道詞典」也可以記住。另外，「有」可以想到「有錢人」，想像富豪比爾・蓋茨無私地捐錢，把自己的錢都捐光了。

記憶魔法學徒分享　林雯

1. **朱 —— 朱麗葉，精神：** 想像朱麗葉在精神病院裏邂逅了羅密歐。

2. **門 —— 門，選擇：** 想像你在裝修新房子，思考大門要選擇甚麼樣的呢？鐵門、木門還是玻璃門？

3. **酒 —— 酒，關係：** 兩個兄弟吵架了，喝了一杯酒，關係就和好如初了。

4. **肉 —— 肉，快速學習**：新廚師快速學會了切肉，切得又薄又均勻。

5. **臭 —— 臭豆腐，自律**：美女每次聞到臭豆腐都在流口水，但作為美女，她自律地管住了嘴，邁開了腿，快速離開了臭豆腐攤。另一種想法：「自律」拆成騎自行車的律師，想像律師騎車時聞到了臭豆腐的味道，伸手抓住一塊就送進了嘴裏。

6. **路 — 馬路，好建議**：中國共產黨提出了走馬克思主義道路的好建議。

7. **有 —— 有道詞典，無私**：有道詞典查單詞是免費的，很無私啊。

8. **凍 —— 果凍，集中**：公司把所有口味的果凍都集中到一起，混合開發出了一款新產品。

9. **死 —— 死人，神話**：在神話故事裏，死人都是可以復活的。另一種想法：死神和你說話，你千萬不要理他，不然就被他帶走了。

10. **骨 —— 骨頭，給予**：粉絲熬了一碗骨頭湯，給演員張涵予喝了補身體。

　　挑戰一下，先閉眼依次回憶，回憶不起來再複習，然後在下面默寫出來吧。

1. _____ 2. _____ 3. _____ 4. _____

5. _____ 6. _____ 7. _____ 8. _____

9. _____ 10. _____

熟語樁的另一種變體就是標題樁，假想一下，如果考試時看到標題，根據標題的每個字就能把答案想出來，那不就相當於是開卷考試了嗎？當然前提是我們要將答案和樁子建立比較牢固的聯結。

我來舉個例子，歷史學科裏「王安石變法的影響」有五點，就可以直接用「王安石變法」五個字來聯想。

王安石變法的影響

1. 增加了政府的財政收入。
2. 在一定程度上抑制了豪強地主的兼併勢力。
3. 使農戶所受的賦稅剝削有所減輕。
4. 對農業生產的發展起了積極作用。
5. 扭轉了西北邊防長期以來屢戰屢敗的被動局面。

我分別想到的形象如下，你可以嘗試來聯想一下，上面每一句裏可以挑取關鍵詞，比如第三點是賦稅減輕，第四點是農業發展。

王：老虎　　**變**：變形金剛
安：保安　　**法**：《孫子兵法》
石：石頭

記憶魔法學徒分享　特級記憶大師譚秋凡

1. 老虎在衙門前面表演鑽火圈，官員收了很多打賞的錢，增加了政府的財政收入。
2. 地主帶着手下要兼併土地，保安拿着武器抵制豪強地主。
3. 農戶用石頭砸死了剝削百姓的稅務官，使賦稅有所減輕。
4. 變形金剛在田地裏快速收割，促進了農業的生產。
5. 西北邊防屢戰屢敗，將士惡補《孫子兵法》後打了勝仗。

● 賈鈺茹繪圖 ●

　　熟語定樁法的優勢是，我們熟悉的詩句和成語是非常多的，而且我們會不斷學到新的，它們是一種取之不盡的樁子。我曾經用數字定樁法挑戰記完《長恨歌》，接下來把《長恨歌》轉化為熟語樁來記憶《論語》，甚至有老師用它來挑戰《牛津英漢雙解詞典》。

　　不足之處，就是任意點背的速度不快，轉化樁子的過程需要時間；另外，有些人可能會忘記使用了哪句熟語，以及熟語轉化成了哪些樁子，有些熟語裏有同樣的字，也可能會導致混淆。不過，沒有任何方法是完美的，是可以包治百病的，我們善用其所長就好。

魔法小結　定椿聯想法

定椿聯想法是先尋找一系列的椿子，即已經熟悉的、有順序的、有特徵的一系列形象，然後把需要按照順序記憶的訊息，分別和每一個椿子進行配對聯想。本節主要講解了地點定椿法、數字定椿法、熟語定椿法三種方法。

- ## 地點定椿法

  地點椿的黃金五法則：熟悉、順序、特徵、適中、固定。

  尋找地點椿的步驟：概覽、確定、回想、記錄、熟悉、使用。

  使用地點椿的步驟：先在腦海中回憶地點，再將要記憶的訊息分別轉化成形象，主動與地點椿進行配對聯想，記憶完畢後嘗試回憶還原訊息。

  管理地點椿的方法，關鍵在於怎麼保存地點椿，如何消除地點椿上的記憶痕跡，以及長期使用地點椿後如何修復。

- ## 數字定椿法

  使用數字編碼分別和訊息進行聯想，按序號提取時速度快，適合需要搶答的場合。

- ## 熟語定椿法

  挑選合適的熟語，每個字分別轉化成形象，與訊息進行配對聯想，嘗試進行回憶還原。

定椿聯想法是一個神奇的方法，也是世界記憶大師最常用的方法，特別是對於海量訊息的記憶，比如將一本國學經典或英漢詞典任意點背。但其難點在於，我們需要提前去打造這個儲存記憶的硬盤，有些同學沒有時間或者足夠的動力去打造，或者覺得尋找椿子好麻煩，最終可能就放棄了這種方式。請記住，磨刀是不誤砍柴工的，沒有開始的麻煩，就沒有後來的輕鬆，加油打造屬你的記憶宮殿吧，讓你的知識像存儲在圖書館裏一樣，很方便就能夠快速檢索出來。

（四）第四根魔棒：鎖鏈故事法

上一根記憶魔棒是定樁聯想法，可以幫助我們記憶大量訊息的順序，套用物理學裏電路的知識，它採取的是「並聯電路」的方式，也就是每一個訊息分別和樁子聯想，訊息與訊息之間並沒有直接聯繫。今天我們將學到「串聯電路」的方式，將圖像鎖鏈和情境故事作為線索，把零散的知識串起來，就好像是糖葫蘆一樣，所以也有人戲稱它為「糖葫蘆記憶法」。

① 圖像鎖鏈法

圖像鎖鏈法，需要將訊息先轉化成圖像，然後兩兩之間進行聯想，最終像鎖鏈一樣將它們全部串起來。如果兩兩之間聯結得比較緊密，就像玩骨牌一樣，推倒一張，後面的牌依次倒下，就可以順藤摸瓜全部想起來。

圖像鎖鏈法的核心技法：

1. 必須要有具體圖像，如果沒有，先轉化成具體圖像。

2. 圖像之間進行兩兩聯結，第一個和第二個聯想，第二個和第三個聯想，第三個和第四個聯想，依次類推。在聯結過程中一次只關注兩個圖像。

3. 兩兩聯結時，彼此接觸並且一般通過動作聯結，一般是第一個作用於第二個，另外也可以用靜態的空間關係呈現，我們在後面會分別進行訓練，一般是兩種方式結合運用。

4. 除了開頭和結尾的圖像外，其他圖像都會使用兩次，一次是前一個圖像聯結它，一次是用於下一個圖像。

我以「八大減壓食物」為例，分解一下記憶的步驟：

魚　　杏仁　　核桃　　牛奶　　橙子　　燕麥　　雞蛋　　菠菜

第一步：在腦海中轉化出形象。觀察這八種食物，我們比較容易在腦海中想到形象，如果對「燕麥」不熟悉，可以想到燕子叼着麥子的形象。

第二步：按順序兩兩聯結，在腦海中呈現出來。我一般使用主動出擊法，前一個主動對後一個發生動作，最終串成的鎖鏈如下：

魚嘴裏面吐出了杏仁，杏仁的尖扎破了核桃，核桃撞翻了牛奶瓶，牛奶灑在了橙子上面，橙子滾動，碾在一堆燕麥上面，燕麥擠壓到雞蛋側面，雞蛋碎開，上面長出了菠菜。

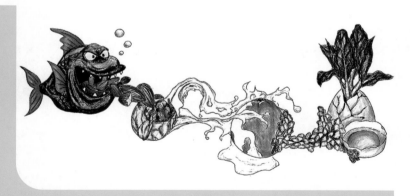

• 楊子悦繪圖 •

注意：這裏的動作要具體，以前有同學都用一個動作：吃。魚吃了杏仁，杏仁吃了核桃，核桃喝了牛奶，這是典型的「吃貨版」。還有人只用一個「打」或「砸」，這是典型的「打手版」；還有人只用一個「變」，橙子變成了燕麥，燕麥變成了雞蛋，這是「變色龍版」，如果都用一種方式，最終很難回憶順序。

在鎖鏈聯想的時候，我們要用到圖像的特徵，作用於下一個圖像時，作用在哪個部位，會有怎樣的結果，也是要具體呈現的。大家可以參考配圖（見第 111 頁），感受一下核桃砸到了牛奶後奶花飛濺的動感，這些都需要我們在腦海中生動地呈現出來。

還要注意，鎖鏈不要一條直線排列，有一些高低錯落會好一些。初學者的鎖鏈不要太長，容易中間掉鏈子，某一個想不起來就會影響其他的。可以先從十個以內的訊息開始，如果超過十個，可以分段串成多條鎖鏈。

第三步：嘗試回憶並且完善你的鎖鏈。有時候第一次想的並不一定很完美，我們還可以對局部的聯結進行調整，然後在腦海中把整條鎖鏈回想幾遍，最後嘗試默寫出這些訊息。如果第一個容易遺忘，可以把第一個和題目進行聯想，比如「減壓食物」可以想到高壓鍋，從高壓鍋裏蹦出來一條魚。

第四步：記錄下你的圖像鎖鏈聯想，用文字的方式或簡筆畫畫的方式，方便我們在遺忘時複習。

現在，請再回憶一遍，把八大減壓食物默寫出來吧。

1. _____ 　2. _____ 　3. _____ 　4. _____

5. _____ 　6. _____ 　7. _____ 　8. _____

（一）靜態空間鎖鏈訓練

從前有一座山，山上有一個廟，廟裏有一個和尚，和尚肩上有一個擔子，擔子下面挑着水桶，水桶裏有一桶水，水裏面有一隻龍蝦，龍蝦夾子上面有一條魚，魚的肚子裏有水草，水草裹着一團泥巴。

根據這句話想像出畫面，你是否可以看完一遍就背誦出來呢？這就是靜態空間鎖鏈，就像一幅畫一樣。我們先嘗試使用十

個詞語來訓練，一般是將第二個放在第一個的某個部位，再將第三個放在第二個的某個部位，這樣依次類推。

第一組：

房屋　　棉花　　眼鏡　　手錶　　鮮花　　名片　　蘋果

水杯　　電池　　橡皮

鎖鏈：房屋外面種了一株棉花，棉花頭上戴着一副眼鏡，眼鏡的中間掛着一塊手錶，手錶的錶鏈裏夾着一束鮮花，鮮花的花枝之間夾着一張名片，名片的一角插進蘋果裏面，蘋果放在倒扣的水杯上面，水杯裏面扣着一塊豎着的電池，電池的底部嵌在橡皮裏面。

• 賈鈺茹繪圖 •

第二組：

檯燈　　書　　　帽子　　葉子　　番茄　　喜鵲　　雞蛋

宇宙　　蠟燭　　證書

鎖鏈：檯燈的燈光下有一本書，書靠在一頂帽子上面，帽

子的邊沿有幾片葉子，葉子的頂端長着番茄，番茄上落着一隻喜鵲，喜鵲的嘴巴銜着一個雞蛋，雞蛋殼上畫着浩瀚的宇宙，宇宙的中心點燃着一支蠟燭，蠟燭的火焰上方懸浮着一張證書。

第三組：

算盤　　毛筆　　灰太狼　　領帶　　啤牌　　櫻花

彩虹　　漁夫　　狐狸　　手套

　　鎖鏈：算盤壓在毛筆的筆桿上，毛筆的毛觸碰到灰太狼的尾巴，灰太狼頸上掛着一條領帶，領帶上面印有啤牌的圖案，啤牌上的皇后手持着櫻花，櫻花的枝條伸進了彩虹裏面，彩虹橋下有一個漁夫，漁夫懷裏抱着一隻狐狸，狐狸的手上戴着手套。

魔法練習　靜態空間鎖鏈訓練

　　請將下面的詞語分別用上面的方式建立鎖鏈，並且嘗試着回憶出來。

1. 駱駝　鞋子　蝦　紙　朱古力　坦克　青蛙　司令　足球　玻璃

2. 婆婆　橙子　小狗　蟬　指甲　香蕉　黑板　項鏈　老虎　雲

3. 寶劍　梨　長城　草原　豆腐　洪水　美女　戒指　閃電　大象

4. 仙人掌　肥皂　地球　遙控器　筷子　滑鼠標　雲　白菜　蜘蛛　魚

5. 鈕扣　雪櫃　蓮藕　啤酒　光碟　UFO　火車　恐龍　蘋果　刀

（二）動作聯結鎖鏈訓練

　　一般而言，第一個作用於第二個，第二個作用於第三個，這是最常見的一種動作聯結，有些同學也喜歡用倒序版，第二個作用於第一個，第三個作用於第二個，這樣依次類推。但要注意，不能一會兒是前面作用於後面的，一會兒又是後面的作用於前面的，這樣記憶的順序就會混亂。

第一組：

飛機　　大樹　　豬八戒　　投影機　　和尚　　坦克

油漆　　酒瓶　　氣球　　　汽油

　　鎖鏈：飛機起飛時撞到了大樹的樹幹，大樹倒下來壓住了豬八戒，豬八戒拿着釘耙砸向了投影機，投影機射出強光照向和尚的眼睛，和尚用棒子撬起了坦克，坦克射出炮彈打中了油漆，油漆飛濺到酒瓶上面，酒瓶裏的酒潑出來射破了氣球，氣球爆炸點燃了汽油桶，火光漫天。

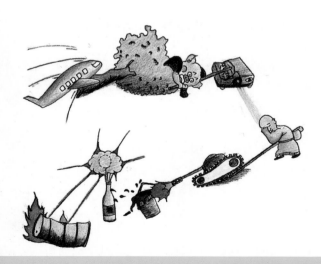

• 賈鈺茹繪圖 •

第二組：

二胡　　望遠鏡　　蛇　　　香煙　　絲巾　　　溜冰鞋

梯子　　工人　　　蝴蝶　　西服

鎖鏈：用二胡的琴弓像鋸子一樣鋸望遠鏡的中間，用望遠鏡前端的物鏡砸向蛇的尾巴，蛇吐出芯子捲起了一根香煙，香煙點燃後燒到了絲巾的一角，絲巾纏繞在溜冰鞋的後輪上，溜冰鞋滑上一架梯子，梯子倒下來砸到了工人的安全帽，工人用鐵鍬在追趕一隻蝴蝶，蝴蝶翩翩飛舞，躲進西服的袖子裏。

第三組：

鸚鵡　　醋　　　松鼠　　雨傘　　牛　　　埃菲爾鐵塔

醫生　　蜥蜴　　電風扇　　彩筆

鎖鏈：鸚鵡用翅膀搧翻了醋瓶子，醋潑到了松鼠的大尾巴上，松鼠拿着松果扔到了雨傘上，雨傘的傘尖插中了牛屁股，牛往前衝，牛角頂到了埃菲爾鐵塔，鐵塔倒下來壓住了醫生的小腿，醫生用注射器給蜥蜴打了一針，蜥蜴用長尾巴纏住電風扇往回一拉，電風扇裏飛出來很多枝不同顏色的彩筆。

魔法練習　動態聯結鎖鏈訓練

　　請將下面的詞語分別用上面的方式建立鎖鏈，並且嘗試着回憶出來。

1. 鹿　可樂　石榴　鋤頭　鈴鐺　車　武松　雞
   航空母艦　唐僧
2. 李白　耳機　電視　圍棋　帆船　眼鏡　螞蟻　牛魔王
   蝸牛　米
3. 喇叭　螺絲　孫悟空　蜈蚣　草　耳朵　大豆　瓜子
   鍵盤　疤痕
4. 鬧鐘　鱷魚　腰包　石榴　手槍　鯨魚　泰山　白龍馬
   羊　水管
5. 裁判　河流　馬車　囚犯　月亮　蜘蛛俠　燈泡　豬　門
   保姆

（三）實戰案例鎖鏈訓練

實戰案例：記憶的七宗罪

經過兩個基本功的訓練之後，我們來看一個偏抽象的案例，來自美國哈佛大學心理學家丹尼爾·夏克特的書籍《你的記憶怎麼了》，他提出了「記憶七宗罪」的說法，總結了影響記憶力水平的七大問題：

記憶七宗罪

1. 遺忘（隨着時間的過去，記憶減退或喪失。）

2. 分心（心不在焉，沒有記住該記住的事。）

3. 空白（努力搜索某一訊息，卻怎麼也想不起來。）

4. 錯認（張冠李戴，誤把幻想當作真實。）

5. 暗示（受到某問題、評論或建議的誘導，使記憶遭到扭曲。）

6. 偏頗（根據目前的知識與信念，重新編輯或改寫以前的經驗。）

7. 糾纏（明明想徹底忘卻的惱人記憶，卻一再反覆想起。）

國際記憶大師呂柯姣的分享

第一步：分別轉化出形象。

遺忘：諧音為「蟻王」。

分心：用刀把心分開。

空白：白紙。

錯認：諧音為「搓人」，想到在搓一個泥人。

暗示：拆合想到案板上的柿子。

偏頗：拆合想到偏着頭的廉頗。

糾纏：聯想到線纏住酒罈。

第二步：按順序兩兩聯結，在腦海中呈現出來。

　　蟻王用刀把心分開，心濺出鮮血灑滿了白紙，白紙的一邊捲起來，正在搓一個泥人，泥人一頭撞破案板上的柿子，柿子汁飛濺到偏着頭的廉頗身上，廉頗用線纏住了酒罈。

● 呂柯姣繪圖 ●

第三步：請嘗試着回憶一下，將「記憶的七宗罪」默寫出來吧。

1. _____ 2. _____ 3. _____ 4. _____

5. _____ 6. _____ 7. _____

❷ 情境故事法

情境故事法就是將要記憶的訊息按順序編成一個有情節的故事，在腦海中像電影一樣呈現出來，達到幫助我們記憶的目的。我們在編故事時，要注意幾個原則：簡潔、形象、生動、有趣。另外可以加上故事的元素：時間、地點、人物、事件，事件包含起因、經過、結果，讓故事可以更容易被回憶起來。

有一位曾擔任副總理的李先生，曾經用故事法記住了 15 個詞語，他在大學演講時說：「十多年過去了，我現在仍然能夠把那 15 個詞背出來，而且順着、倒着都不會錯。如果你把這 15 個詞編成一個故事，這 15 個詞，包括它們的次序就能永遠記住。記的方法是甚麼呢？就相當於你把這 15 個詞編成電視劇，編成一個『錄影』放到大腦右半葉裏面去了。那麼你在把它『播』出來的時候，也就把 15 個詞播放出來了。」

這15個詞語是：

爆米花、圖書館、狼狗、書包、大樹、太陽、石頭、
救護車、即食麵、電視、牙籤、餐巾紙、電話、火警、行李

李先生的故事是這樣的：我吃着爆米花去了圖書館。路上碰到了一隻狼狗追我，我就跑。跑的過程中書包丟了。狼狗還追我，我就爬到大樹上去了。上了大樹以後呢，太陽太曬，我被曬昏了，從樹上掉了下來，掉到一塊石頭上。然後就來了輛救護車把我送到醫院去了。在醫院，我一邊等待治療，一邊吃即食麵。吃完即食麵就看電視。看電視時拿出牙籤剔牙，然後用餐巾紙擦嘴。突然接到電話，說發生火警，於是我提起行李就跑去救火。

看完兩遍並想像出畫面後，你來嘗試一下，可否按照順序背出來呢？

_____

_____

要讓大量的並列訊息容易記憶，我們特別要注意彼此銜接部分的因果邏輯，英國小說家福斯特在《小說面面觀》裏提出：

所謂「故事」，就是依照「時間順序」排列的事件，「情節」則是按照「因果邏輯」安排的事件。比如「國王死了，王后也死了」，這只是故事，但是「國王死了，王后因此傷心而死」，這就是情節。

故事就像散落一地、未經拼湊的積木，彼此之間沒甚麼關聯；情節則像積木的「卯」和「榫」，一個凹，一個凸，當凹和凸一個接着一個組合起來，具體的東西就會慢慢成形。要把故事說得好，就必須適度地將事件「情節」化；也就是利用「因為、所以」，把事件一個接一個地緊密聯結起來。

編情境故事的步驟如下：

第一步：概覽。先大致瀏覽所有的詞匯，看看能夠產生怎樣的聯想，特別是剛開始的三四個，看看有沒有可以作為主角、配角、場景的，如果沒有主角，可以根據內容來定義一個人物。

第二步：嘗試。在嘗試編了前面三四個後，接下來根據邏輯往後聯想，比如書包後面為甚麼是大樹，可以想到狼依然在追，所以我爬上樹。實在不容易編的部分，也可以通過圖像鎖鏈法來聯結。

第三步：修正。整體都編完之後，再來重新回顧一遍，如果有些不太符合邏輯或不太接得上的部分，想想是否可以更好地優化，然後在腦海中清晰回想一遍。

第四步：記錄。嘗試回憶故事後說出背誦的內容，並且將故事的要點記錄下來，也可以嘗試用簡筆劃畫出來，方便以後的複習。

編故事時，有幾個常見的謬誤：

1. 過多並列的訊息。比如「香蕉、橘子、梨子」要編一個故事，如果說我吃了香蕉、橘子和梨子，或者說，我先吃了一條香蕉，接下來吃了一個橘子，最後吃了一個梨子，這樣都很容易混淆先後的順序，因為這三者是一種並列關係。

   我們可以通過情節或者動作來注意順序，比如我拿着一串香蕉砸向橘子，橘子裂開後汁水四射，濺得雪白的梨子上都是橘子汁。

2. 過多無關訊息。有人以為編故事就是要天馬行空，就會添加很多無關的角色，將故事編得過於複雜，最後把自己也繞暈了。

3. 過多場景轉換。當要記憶的訊息比較少時，不要轉換太多的場景，突然一下子在這裏，很快就切換到其他地方，這樣很容易遺忘。可以假設故事呈現的場景就像話劇的舞台，需要的佈景都在台上呈現。

4. 過多的語言陳述。「我愛聽故事」是在陳述一個事實，「我在樹下聽奶奶給我講孫悟空三打白骨精的故事」就是在描述一個畫面。另外，盡量不要有太多的對話，或者是旁白，這些相對而言比較抽象，容易遺忘。

5. 沒有融入其中。要盡量少用「假如」、「假設」、「也許」等將自身置於事外的詞彙，而是身臨其境，讓自己作為故事的主人公。在你的故事裏，你就是神通廣大可以七十二變的孫悟空，在想像的世界裏盡情演繹吧！

接下來，我們分別通過形象詞匯、抽象詞匯、綜合詞匯來進行編故事的基本功練習，基本功愈扎實，實戰時就能愈快速。

（一）形象詞匯編故事

第一組：

荒島　　松鼠　　鋼琴　　豆腐　　戰鬥　　咖啡

黑板　　手槍　　螺絲　　衣服

故事：在一座荒島之上，有一隻松鼠在彈鋼琴，白色的琴鍵是豆腐做的，公雞中的「戰鬥雞」過來搶豆腐吃，松鼠手持咖啡潑向公雞，公雞用黑板作為盾牌抵擋，躲在後面用手槍射出螺絲，把松鼠的衣服射得千瘡百孔，松鼠痛苦地倒地死去。

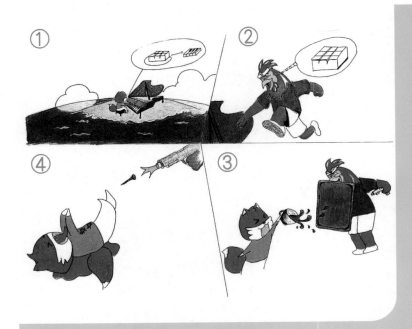

• 賈鈺茹繪圖 •

第二組：

天使　　坦克　　蝸牛　　　火車　　嬰兒　　洪水

獵人　　佛祖　　挖掘機　　菠蘿

故事：天使駕駛着一輛坦克，射出炮彈追趕急速爬行的蝸牛，蝸牛飛奔着穿過一輛火車，黏住了一個嬰兒，嬰兒和牠一起落入洪水裏，獵人以為是獵物，正要舉槍射擊，佛祖駕駛一輛挖掘機，倒出一堆菠蘿擋住了獵人的視線，救出了嬰兒。

魔法練習　形象詞匯編故事訓練

請將下面的詞語分別用上面的方式編故事，並且嘗試着回憶出來。

1. 水杯　熊貓　發怒　月亮　煙花　黃鶴　神　石榴　香蕉　粥

2. 司令　檔案　滴汗　珠寶　眼鏡　小樹　雲　夢　工人　小腸

3. 黃河　新疆人　安全帽　橫幅　刀劍　花瓶　馬　物理　鯨　人參

4. 父親　小學　花果山　海豚　插座　蓮花　狼　戰爭　波斯　蝌蚪

5. 老師　指揮棒　廣場　傳單　牛　工廠　手槍　井　扇子　奶瓶

（二）抽象詞匯編故事

第一組：

打算　　生物　　誠實　　寶貴　　傳播　　說明　　立體

抽象　　條件　　平衡

轉化：「打算」想到掌櫃在打算盤，「生物」想到生物老師，「誠實」諧音「沉石」，「寶貴」想到很貴的珠寶，「傳播」聯想到報紙，「說明」想到說明書，「立體」聯想到水立方，「抽象」拆合為抽打大象，「條件」可以諧音為「挑劍」，「平衡」想到平衡木，具體的轉化也可以在編故事的過程中靈活更改。

故事：掌櫃在藥店裏打着算盤，賣給我的生物老師一塊很沉的石頭，這石頭上面鑲嵌着很貴的珠寶。生物老師為了炒作，在報紙上打廣告來廣泛傳播，廣告上有此沉石的圖解說明書：沉石曾在水立方接受考驗，馴象人用訓練大象的鞭子抽打它，紋絲不動，又挑起劍來刺它，依然能夠保持平衡，真是稀罕寶貝！

第二組：

| 教育 | 慶祝 | 研究 | 簡單 | 保衞 | 發展 | 體會 |
| 苦悶 | 成功 | 要點 |

轉化：「教育」聯想到教室，「慶祝」想到慶祝晚會，「研究」想成研究生，「簡單」諧音為「煎蛋」，「保衞」拆合想到保安手拿衞生紙，「發展」拆合想到頭髮展開，「體會」拆合想到體育老師開會，「苦悶」想到燜苦瓜，「成功」想到剪刀手的姿勢，「要點」可以想到書上畫的重點。

故事：教室裏正在舉辦畢業慶祝晚會，戴着碩士帽的研究生袁文魁正在煎蛋，保安手拿衞生紙接過煎蛋，吃完後興奮得頭髮都展開了。他思考自己的人生發展，決定要考體育的研究生，就跑去偷聽體育老師開會，送他們自己的拿手菜：燜苦瓜，終於成功讓體育老師舉起剪刀手，拿起筆在他的書上畫出了考試要點。

魔法練習　抽象詞匯編故事訓練

　　請將下面的詞語分別用上面的方式編故事，並且嘗試着回憶出來。

1. 公式　中庸　積累　系統　鮮明　涵養　氣質　禮貌
　　重要　修養

2. 人格　方針　謙虛　智慧　判斷　餘地　觀點　聰明
　　要素　信奉

3. 合作　開恩　信任　目標　理解　發展　疑慮　規劃
　　營養　效率

4. 理財　學問　思維　影響　精力　澱粉　搭配　意志
　　夢想　故事

5. 推薦　透徹　感覺　秘密　重新　習慣　聯結　嚴重
　　切磋　招式

（三）綜合詞匯編故事

第一組：

品德　演講　功效　蘋果　慷慨　緊箍咒　體現　魷魚

桎梏　汽車

轉化：「品德」聯想到思想品德課的老師；「功效」聯想到發氣功讓人發笑；「慷慨」聯想到拿很多糠捐出去；「體現」可以聯想到體育老師出現了；「桎梏」是古代的刑具，類似於現在的手銬和腳鐐。

故事：思想品德課的老師在國旗下演講，他現場發動氣功讓全校師生都笑了，臉都笑紅了變成紅蘋果。他動員大家為災區的動物捐食物，老師們都慷慨地拿出很多糠，有個別吝嗇的躲了

起來，他輕輕念動緊箍咒，一位體育老師就出現了，他抱着一條大魷魚，魷魚的爪子都戴着鐐銬，他將牠關進汽車後備廂運往災區。

第二組：

機構　下班　地鐵　縹緲　結構　教學　獅子　落差　床

搜刮

轉化：「機構」聯想到機器狗；「縹緲」想到煙霧飄動，若有若無；「結構」想到打着蝴蝶結的狗；「落差」可想到落下懸崖。

故事：一隻機器狗下班後乘地鐵回家，它恍惚間看到地鐵上煙霧飄動，一隻打着蝴蝶結的母狗若有若無，它被吸引着來到了一座大山。這隻母狗手拿教鞭，指着獅子的圖片教它跳躍，機器狗興奮地跳躍起來，卻落下了懸崖，掉到懸崖下的床上，母狗趁它昏迷不醒時，搜刮完它身上所有的東西。

魔法練習　綜合詞匯故事訓練

1. 熱情　尿片　經濟　蘑菇　翻譯　氣氛　快樂　援助
   過濾　尖頭棒

2. 尼姑　萬家燈火　三輪車　紋理　大方　琳琅滿目
   快速閱讀　尖頭棒　蓮藕　茶道

3. 美女　掌握　敏感　基因　太平洋　英雄模範
   中國銀行　稱霸　理論　步行

4. 男神　攔路虎　圓滿　善良　陸海空　大考　藏匿
   檯曆　暗號　白癡

5. 沙漠　厲害　美妙　小提琴　嘴巴　信念　心理學
   直抒胸臆　波瀾　融化

（四）實戰案例編故事

實戰案例：迪士尼動畫經典

下面是十大迪士尼經典動畫長片，請用故事法按照順序來進行記憶。

十大迪士尼經典動畫長片

1.《獅子王》（*The Lion King, 2019*）

2.《白雪公主》（*Snow White and the Seven Dwarfs, 1937*）

3.《美女與野獸》（*Beauty and the Beast, 2017*）

4.《小魚仙》（*The Little Mermaid, 1989*）

5.《木偶奇遇記》（匹諾曹）（*Pinocchio, 1940*）

6.《灰姑娘》（*Cinderella, 1950*）

7.《風中奇緣》（*Pocahontas, 1995*）

8.《花木蘭》（*Mulan, 1998*）

9.《幻想曲》（*Fantasia, 1940*）

10.《閃電狗》（*Bolt, 2008*）

*注：《灰姑娘》香港譯名是《仙履奇緣》

記憶魔法學徒分享

分享一：

獅子王牽着白雪公主在散步，小魚仙看到了，指指點點地說：「好一對美女與野獸。」突然，獅子王的鼻子不斷伸長，他變成了木偶；白雪公主的公主裙也變成了舊舊的髒衣服，她變成了灰姑娘。狂風大作，他們被吹到了天上，真是神奇的緣分。花木蘭在一旁演奏着幻想曲，天空打出一道閃電，蹦出一隻狗。

魔法點睛：這裏《小魚仙》和《美女與野獸》的順序顛倒了，後面「獅子王」變成了「木偶」，「白雪公主」變成了「灰姑娘」，這種「變」盡量少用，除非看到變化的過程。「神奇的緣分」還比較抽象，可想到「奇特的花園」；「花木蘭在一旁演奏着幻想曲」和前面的缺少聯結，可以加一句：「在花園裏，花木蘭正在吹奏曲子，讓他們產生了幻覺，以為自己被閃電劈中，化身為狗，汪汪地大叫。」

分享二：

獅子王在樹林裏碰到了白雪公主，他愛上了她，於是帶她去電影院看《美女與野獸》，到門口時，看到小魚仙在修木偶玩具，獅子王與白雪公主幫她修好，並把玩具送給了灰姑娘。灰姑娘用魔力帶他們一起進行風中奇緣，在風中奇緣中碰到了花木蘭在用鋼琴彈幻想曲，旁邊的閃電狗在不斷地叫好。

魔法點睛：這個故事彼此之間的情節關聯挺好，美中不足的是，「進行風中奇緣」有點語句不通，如果我們對作品名字很熟悉，編故事時可以選擇關鍵詞，比如「風」。另外，

「幻想曲」也很難想出圖像，可以聯想到動漫《最終幻想》的角色，或者想到演奏者頭上出現幻想的畫面。

分享三：

百獸之王獅子遞了一個蘋果給白雪公主，她咬下後就中毒了，說：「上帝啊！為甚麼連野獸也不放過我這美女？」說完倒地不起。剛過完生日從大海偷渡出來的小魚仙迷路了，四處張望，看到了一群小矮人，走近一看，哇，好長的鼻子；其中一個小矮人友好地笑了笑：「你好，我叫匹諾曹。」、「你好，你們怎麼了？」、「她中毒了，需要一雙據說失蹤了很久的水晶鞋才能救她，可我們連主人灰姑娘在哪兒都不知道。」一陣風吹過，奇怪的園子裏走出了花木蘭，她騎着馬，吹着夢幻交響曲朝此處飛奔，閃電剎那間劈下來，獅子一瞬間炸成了狗。

魔法點睛：這個故事就像一部電影，比較生動形象。裏面有很多細節的對話，很多關鍵的訊息都藏在對話裏，比如「美女與野獸」和「灰姑娘」，有可能會遺忘。另外，「一陣風吹過」之後的情節和前面沒有關係，還突然蹦出了已經消失很久的「獅子」，此時如果關注點在如何救公主，這個故事編下去就更自然。

魔法小結

　　鎖鏈故事法主要分享了圖像鎖鏈法和情境故事法兩種方法，通過一定的方式將要記憶的內容串聯起來，達到一記就記一串的目標。

- **圖像鎖鏈法的步驟：**

　　第一步：在腦海中轉化出形象。

　　第二步：按順序兩兩聯結，在腦海中呈現出來。

　　第三步：嘗試回憶並且完善你的鎖鏈。

　　第四步：記錄下你的圖像鎖鏈聯想。

- **情境故事法的步驟：**

　　第一步：概覽。

　　第二步：嘗試。

　　第三步：修正。

　　第四步：記錄。

- **編故事的常見謬誤：**

　　1. 過多並列的訊息。

　　2. 過多無關訊息。

　　3. 過多場景轉換。

　　4. 過多的語言陳述。

　　5. 沒有融入其中。

- **圖像鎖鏈法與情境故事法的區別：**

　　鎖鏈法中，每個訊息都得是右腦的形象，故事法裏，部分可以用左腦的邏輯；鎖鏈法中，任何時候腦海中都只有兩個圖像，像是兩兩合影的照片，故事法則是一個連貫的情節，像是一部電影或動畫片。一般我會將兩者綜合運用，稱為鎖鏈故事法，不管黑貓白貓，能抓住老鼠的貓才是好貓。

五 第五根魔棒：歌訣記憶法

我們先來做一個小測試，下面有兩組訊息，請你分別將其記憶下來，看看各需要多長時間。

第一組：洞、清、何、盡、花、桃、隨、水、處、邊、在、日、流、溪

第二組：桃花盡日隨流水，洞在清溪何處邊。

雖然都是 14 個字，但大部分人會很容易記住第二組，為甚麼呢？因為第二組是一個有意義、有情境的歌訣，比第一組的 14 個組塊要少很多，記憶起來速度就更快。

在非洲許多原始部落裏，部落之間的消息都要靠人硬記下來，然後到另外的部落再講出來，要想走了幾天還記得消息，他們就得把它編成押韻的歌訣，以此來幫助記憶。

無論是西方的《荷馬史詩》，還是中國的《詩經》，詩歌的起源最初都是為了「記憶」。古詩強調「詩言志」，據聞一多先生考證，「詩」與「志」原是同一個字，「志」上從「士」，下從「心」，表示停止在心上，就是說的「記憶」。

我們現在雖然科技比較發達，有手機、電腦等輔助我們記憶，但是依然可以借鑑原始時代人類的智慧，用歌訣記憶法來幫助我們記憶，方式就是將要記憶的訊息進行精簡濃縮，將其組合成有意義、有韻律、有趣味的順口溜、口訣等形式，然後通過聲音的刺激達到牢記的效果。

我在高中時曾對文科知識編過幾百條歌訣，我的體驗是，自己編的歌訣要比別人借鑑的歌訣更容易記憶。我們只要掌握了方法，都可以成為編歌訣的高手。另外，編歌訣也需要針對特定的對象，編得準確而簡練，不然也可能增加記憶的負擔，所以想編好歌訣需要先掌握原理。

就我的經驗，歌訣記憶法最常用的有兩種形式：字頭歌訣法和要點歌訣法，接下來我們分別來進行訓練。

① 字頭歌訣法

字頭歌訣法一般針對比較熟悉，但需要連串記憶或按順序記憶的訊息，以免在記憶時出現丟三落四或者順序混亂的情況。在西方記憶術裏，一般是挑選單詞的首字母，將其組成一個熟悉的單詞，比如目標管理的 SMART 原則，就是由 Specific（具體的）、Measurable（可以衡量的）、Attainable（可以達到的）、Relevant（有相關性的）、Time-bound（有截止期限的）組成。中國人則是挑選第一個字，或者最特別的字，將其串成一句有意義的話或歌訣。

我先舉一個非常簡單的例子，我們常說的「三姑六婆」，到底是哪些呢？她們分別是：

【三姑】尼姑、道姑、卦姑

【六婆】牙婆、媒婆、師婆、虔婆、藥婆、穩婆

編字頭歌訣的步驟是：

第一步：熟悉理解。先看一兩遍這些訊息，如果是比較抽象的訊息，可以先用「形象記憶法」記熟。這道題比較簡單，記憶的關鍵就是「姑」和「婆」前面的那個字，一共有 9 個。

第二步：挑取字頭。這個沒得挑，直接是：尼、道、卦、牙、媒、師、虔、藥、穩。如果訊息更複雜，也可以考慮字頭之外的其他字，特別是發現第一個字是一樣的情況。

第三步：組成歌訣。這個沒有要求按順序，但三姑和六婆不能混淆，所以「三姑」可以一起編成「尼道卦」，「六婆」可以換順序，看看哪些組合在一起可以變成一個「組塊」，比如「藥」和「師」可以組成「藥師」，「虔」和「穩」可以諧音想到「吻錢」，最後我組合成：媒牙藥師虔穩。

第四步：意義化。通過適當的諧音，加上你的解釋，讓歌訣更有意義，如果能夠押韻就更好了。剛才的歌訣諧音變成：尼倒掛，沒牙藥師吻錢。我再解釋一下這個場景：尼姑倒掛在樹上，沒牙藥師吻錢。

第五步：嘗試回憶。以「尼倒掛，沒牙藥師吻錢」這個歌訣作為提示，看看可否想到記憶的材料，對於想不到的部分，要進行修改或者強化記憶，特別是通過諧音想到的字。

第六步：複習強化。我會把歌訣寫在書上，不定期去複習這些歌訣，另外也可以在手機裏錄音，通過聽覺達到長期記憶。

• 馬依依繪圖 •

測試時間：

三姑六婆：＿＿＿＿＿＿＿＿＿＿＿＿＿＿＿＿＿＿＿＿

　　字頭歌訣法可以用於記憶一長串熟悉的訊息，包括作家的一系列作品，一些人物的合稱，比如「建安七子」，歷史裏開放通商口岸的城市，地理裏某個國家盛產的作物或礦物，英語單詞裏一個詞語的多種意思等，下頁請看一些案例。

記憶魔法師教你超實用學習記憶法

實戰案例

（一）先秦諸子十家

儒、道、陰陽、法、名、墨、縱橫、農、雜、小說

錯誤示範：挑取字頭「儒道陰法名，墨縱農雜小」。「儒」想到儒家的孔子，「道」想到一個道士，「陰」想到陰天，「法」想到法國，「名」想到名片，「墨」想到墨水，「縱」想到糉子，「農」想到農民，「雜」想到雜技，「小」就是小說。想像孔子遇到了一個道士，道士在陰天到法國印名片，名片上沾了墨水，滴到糉子上面，他把糉子送給了農民，農民正在玩雜技，手上正在拋三本小說。

魔法點睛：這個錯誤示範混淆了字頭歌訣法和鎖鏈故事法，提煉出字頭歌訣只是一個「幌子」，還是回到了一個字一個形象，再串成鎖鏈或者故事來記憶。運用字頭的價值在於，盡量減少組塊，把能夠組合的有機組合，從而減少記憶量。

在編字頭歌訣時，部分訊息選擇兩個字也是可以的，或者可以適當加一點其他的字，讓上下兩句訊息能夠對仗。我想到的是：儒道陰陽法名墨，縱橫農（場）雜小說。諧音就變成了：儒道陰陽法名模，縱橫農場砸小說。想像一個儒雅的道士是個陰陽先生，他到法國當了名模，縱橫在農場裏表演用錘子砸小說。

測試時間：

（二）植物和動物的組織

植物組織有：

分生組織、保護組織、營養組織、輸導組織、機械組織。

魔法點睛：熟悉材料後嘗試挑字頭，我由「保護」和「營養」想到了「保養」，由「分生」和「機械」想到了電話的「分機」，因為要把植物組織和動物組織分開，所以我把「植」也加進去，就變成了「植輸保養分機」；通過諧音想到「支書保養分機」，想到一個村支書正在用抹布保養電話的分機。

動物和人的主要組織有：

上皮組織、結締組織、肌肉組織、神經組織。

「動物和人」的字頭是「動人」，「上皮」和「神經」組合成「上神」，可以想到電視劇《三生三世十里桃花》裏楊冪飾演的白淺上神，「肌肉」和「結締」的字頭組合是「肌結」，可以擴展想到肌肉結實，或者諧音想到「集結」。所以我串起的歌訣是：動人上神肌結，想像動人的白淺上神露出手臂在秀結實的肌肉。

● 馬依依繪圖 ●

測試時間：

植物的組織：_____

動物和人的組織：_____

❷ 要點歌訣法

在學習的知識中，還有一些比較複雜的，挑選其中一個字後還原比較難，這時就可以挑選其中的要點，或在觀察後對訊息進行歸類濃縮，將其編成類似於詩歌的歌訣。一般詩歌常見的是五言和七言，我在編寫時一般也是類似的字數。

我以歷史學科裏「羅斯福新政」的內容為例：

羅斯福新政的內容：

（1）整頓財政金融體系。

（2）調整工業生產。

（3）調整農業生產。

（4）實行福利制度。

（5）健全社會立法。

第一步：熟悉理解。 通過閱讀書本了解細節，方便在腦海中想像畫面。

第二步：挑選要點。 財政金融、工業、農業、福利、立法是五個關鍵詞，次關鍵詞是「整頓」、「調整」、「健全」這些動詞。

第三步：觀察訊息並嘗試編歌訣。 我發現工業、農業可以組合成「工農」，而且前面都是調整，所以可以組成「調工農」，我習慣於七個字一句，所以前面就用了「整頓金融」四個字，一起是「整頓金融調工農」。接下來要和它字數相同，可以用「實行福利立法全」，也可以調整順序想到「健全立法福利濃」，這個「濃」和前面一句押韻，方便我們記憶。

第四步：嘗試回憶，還原歌訣。 由「整頓金融調工農，健全立法福利濃」，你可以想到羅斯福新政的內容嗎？如果有些地方不行，可以嘗試調整。

第五步：複習強化。 可以通過誦讀或者聽錄音的方式，反覆強化這個歌訣，並且根據歌訣回憶正文內容，對遺忘的部分及時鞏固。

在編歌訣時，還可以將同類的訊息歸類濃縮，中國人常用數字來濃縮，比如「三個代表」、「三大戰役」、「四大發明」、「公安三袁」、「竹林七賢」等。來看看這個案例：

> 兩湖兩廣兩河山，五江雲貴福吉安，
>
> 四西二甯青甘陝，還有內台北上天。

這個歌訣用來記憶中國的省份，「兩湖」是湖北和湖南，「兩廣」是廣東和廣西，「五江」就代表着江蘇、浙江、江西、黑龍江、新疆，因為這些省份我們比較熟悉，這樣濃縮之後就讓這個歌訣變得簡潔好記。如果你對於「五江」不熟悉，也可以再用字頭記一下：浙蘇西黑新，諧音為：折書洗黑心，想像把書折成盆子的形狀，在裏面洗黑心。

我們來看這個案例，請嘗試用要點歌訣法記憶。

寫作的十二種修辭方法

比喻、排比、反語、對偶、設問、引用、對比、反覆、反問、誇張、擬人、借代。

你的歌訣：_____

魔法點睛：這些修辭方法我們都很熟悉，觀察發現有三個「比」：比喻、對比、排比；有三個「反」：反問、反覆、反語，所以可以想到「三比三反」。把這些挑選出來後可以打上勾，再去組合剩下的訊息：

對偶、設問、引用、誇張、擬人、借代

因為已經用了四個字，還有三個字，我挑選了「設問」和「擬人」，變成「三比三反設問你」，剩下的訊息排列順序變成：借代引用誇對偶，可以想像三枝筆反過來設問你：「為甚麼要借一袋子的引用語來誇你的配偶呢？」

　　歌訣記憶法通過簡化複雜的識記材料，縮小記憶組塊，加大訊息濃度，可以幫助我們減輕大腦負擔。通過將零散的、少聯繫的訊息編成歌訣，將它們變成有意義的、更集中的訊息，比死記硬背更容易將其「一網打盡」，比鎖鏈故事法的記憶量要少，所以是我常用的技巧之一。

　　建議你自己開始動手編歌訣，在編的過程中你也在深入理解，並且你編的融入了自己的閱歷，記憶起來會更有親切感。在編寫時要注意韻律感和形象性，並且盡量精練準確，讓歌訣為我們的記憶服務。只要你按照上面的步驟嘗試至少編 30 條，你也會熟練掌握這些技巧，就可以用來幫助你輕鬆記憶啦！

魔 法 練 習　字頭歌訣法記憶訓練

1. 記憶女神和宙斯一起生下九個女兒，她們都是繆斯女神，各自分管的領域是：音樂、史詩、歷史、抒情詩、悲劇、聖歌、舞蹈、喜劇、天文。

2. 人體八大系統：運動系統、神經系統、內分泌系統、循環系統、呼吸系統、消化系統、泌尿系統、生殖系統。

3. 與中國接壤的 14 個國家分別是：北韓、俄羅斯、蒙古、哈薩克斯坦、吉爾吉斯斯坦、塔吉克斯坦、阿富汗、巴基斯坦、印度、尼泊爾、不丹、緬甸、老撾、越南。

魔法小結

　　歌訣記憶法是將要記憶的訊息進行精簡濃縮，組合成有意義、有韻律、有趣味的順口溜、口訣等形式，讓我們通過聲音的刺激達到牢記的效果。歌訣記憶法最常用的有兩種形式：字頭歌訣法和要點歌訣法。

- **編字頭歌訣的步驟是：**

  第一步：熟悉理解

  第二步：挑取字頭

  第三步：組成歌訣

  第四步：意義化

  第五步：嘗試回憶

  第六步：複習強化

- **編要點歌訣的步驟是：**

  第一步：熟悉理解

  第二步：挑選要點

  第三步：觀察訊息並嘗試編歌訣

  第四步：嘗試回憶，還原歌訣

  第五步：複習強化

六 第六根魔棒：繪圖記憶法

其實每個人都可以掌握繪圖記憶法。有同學可能會說：「我不會畫畫啊！我天生就沒有藝術細胞。」但我在近幾年的教學中發現，基本所有人都會畫畫，只是他們定的標準太高，要達到與世界名畫媲美的水準。其實只要會畫線條和基礎圖形，就可以掌握繪圖記憶法，它是將抽象的訊息轉化為形象之後，用簡筆畫的方式呈現出來的方法，也稱為「圖示記憶法」。本節將分享單一圖示法、定位圖示法、鎖鏈圖示法、框架圖示法四種方法。

❶ 單一圖示法

不知道你是否有這樣的體驗，對於中小學的課本，你能夠將某一頁的排版都呈現在腦海裏，特別是有配圖的，你可以記得圖片旁邊有哪些重要訊息，圖片這時相當於是天然的定位系統，我稱之為「圖片定樁」。

有一些書籍整頁都是文字，要讓重點的訊息突出，常用的方式是紅筆劃線或用熒光筆塗色，此時切記不要所有的全畫了，都是重點就相當於沒有重點。對於想要更加突出的重點文字，如果在旁邊畫上一個小插圖，此時就相當於做了一個標記，在告訴你：「看我，看我，我是重點中的重點！」

單一圖示法，就是把某一個核心關鍵詞轉化成形象並繪製出來的方法，一般五個以內的訊息適用此法。轉化的方式可以使用「鞋子拆觀眾」（見第 48 頁），但要盡可能簡單，比如「華」，畫成「花」比畫「劉德華」要簡單得多。即使你想畫劉德華，也只需要畫成火柴人，突出他的鼻子是鷹鈎鼻即可，不需要畫成素描；本來記住這個知識點只需要幾秒，你畫一幅畫花了一小時，就本末倒置了。

畫圖時抓住特徵點，就比較容易區分，比如老虎，你只需要突出頭上這個「王」字，就可以和貓區分開來。如果畫的人物不容易區分，也可以寫點文字來注釋。畫圖的另一個原則就是變化，特別是一頁裏面圖像比較多時，可以用不同顏色或材質的筆，畫圖時大小、粗細、風格等適當變化，就更容易區分記憶。

對於形象記憶法、配對聯想法和簡單的字頭歌訣法，我們可以用單一圖示法來輔助記憶，因為腦海中想像的形象可能會逐漸淡忘，通過簡筆劃簡單地畫出來，可以更加強烈地刺激大腦，同時在以後複習時更直觀，也可以在演講、匯報、宣傳時呈現給別人，下面我分別舉例說明。

（一）形象記憶法的單一圖示

我在複習考試或者看重要書籍時會使用此法，在重點內容處畫上插圖。下圖是我在閱讀斯科特・揚的《如何高效學習》這本書時，對我覺得比較重要的三個訊息繪製的圖示。「訊息壓縮」畫了一個文件壓縮包圖標；「模型糾錯」畫了正方體代表「模型」，上面的 × 和扭轉符號代表着「糾錯」；「以項目為基礎的學習」的關鍵詞是「項目」，我轉化的形象是項鏈上有隻眼睛（目）。

訊息壓縮　　　　模型糾錯　　　　以項目為基礎的學習

冥想的好處

1. 培養慈悲心。

2. 減輕痛苦。

3. 提升創造力。

4. 提升專注力。

5. 減少焦慮。

我在繪製的時候，由「慈悲心」想到「瓷杯」上有一顆心，這比畫一個慈悲的菩薩更容易；「減輕痛苦」由「痛苦」想到痛哭的表情；「創造力」一般用點亮的燈泡表示；「專注力」畫了一隻眼睛盯着某個點；「減少焦慮」由「焦慮」倒字諧音想到「綠蕉」，畫了一條綠色的香蕉。用黑色筆劃完之後，我適當加了一點顏色來強化，印象會更加深刻。

慈悲心　　　　　減輕痛苦　　　　　創造力

專注力　　　　　減少焦慮

（二）配對聯想法的單一圖示

　　配對聯想法將兩個圖像建立聯繫之後，也可以在一張圖裏呈現出來。下面是在記憶中國佛教四大名山時的繪圖，它們分別是山西五台山、四川峨眉山、浙江普陀山、安徽九華山，我需要記住每座山在哪個省份。

　　山西五台山，我畫了一座山，在山的西邊有一個舞台。

　　四川峨眉山，我畫了一條河，河水的三條線像是「川」，一隻長着眉毛的鵝在裏面游泳。

　　浙江普陀山，「浙江」畫了Z字形的江，「普陀」畫了一個秤砣掉進江裏。

　　安徽九華山，「安徽」想到了圓形的徽章，圖案是九瓣的花。

　　你看一看這張圖，看看可不可以記住呢？我現在可是想忘記都難啊！

山西五台山

四川峨眉山

浙江普陀山

安徽九華山

定椿法裏的數字定椿法、地點定椿法和熟語定椿法，其實也是一組組進行配對聯想，如有需要，也可以分別用單一圖示法來呈現，在定椿聯想法（見第 83 頁）那一節已經有繪圖的呈現，就不再多舉例說明。

（三）字頭歌訣法的單一圖示

字頭歌訣法，如果只編成一句簡單的話，也可以在一個畫面裏呈現。下面這三個案例是我的課程裏的練習，羅婷予老師將我的歌訣畫成圖示，因為是教學中給學生呈現的，所以畫得更精美一些。如果是自己用的，我一般畫得很簡單。

案例：

中國四大名亭是陶然亭、醉翁亭、愛晚亭、湖心亭。

挑取字頭是「陶醉愛心」，想像在亭子裏，一個男人手拿着酒瓶喝醉了，眼睛裏冒出很多的愛心。

• 羅婷予繪圖 •

❷ 定位圖示法

定位圖示法，也稱分解圖示法，對應的記憶方法是定樁記憶法，特別是身體定樁法和物品定樁法。

案例1：

蘇聯解體的原因有哪些？

（1）根本原因：「斯大林模式」體制上的弊端和錯誤政策長期得不到糾正，沒有從實際出發，建設符合蘇聯國情的社會主義；

（2）直接原因：戈爾巴喬夫改革的錯誤方針；

（3）外部原因：西方敵對勢力長期的「和平演變」戰略。

第一步：通讀理解，選出關鍵詞。比如「根本原因」裏挑選「斯大林模式」，「直接原因」挑選「戈爾巴喬夫改革」，「外部原因」是「西方和平演變」。

第二步：構思主圖，也就是作為樁子的東西。由「解體」、「根本」我聯想到了樹，就畫了一棵樹。

第三步：將文字轉成形象，畫在主圖對應的位置上。「根本」想到了樹根，「斯大林」由「斯」想到了「嘶嘶」的聲音，聯想到一條蛇，嘴裏咬着一個0。「直接」想到直直的樹幹，「戈爾巴喬夫」比較熟悉，就可以挑取「戈」，想到古代的一種兵器，如果不清楚也可以畫鐮刀在割。「外部」想到樹的外部，「和平」聯想到鴿子，可以在樹的西邊畫一隻鴿子。

第四步：嘗試回憶。現在我們閉上眼睛，看能不能在腦海中浮現出這張圖，嘗試回憶出蘇聯解體的原因。

第五步：完善細節。把核心要點記住後，現在花半分鐘再對照一下原文，把一些細節也補充記住。回憶有困難的部分，也可以將其補充在圖上，比如「錯誤方針」，可以在樹幹上畫兩個方頭針，彼此交叉，像一個表示錯誤的符號。

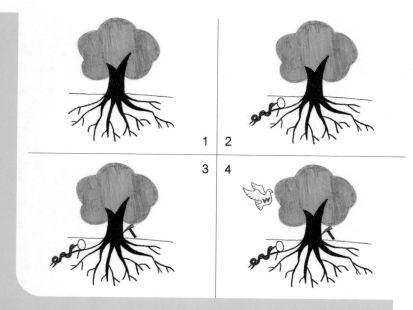

• 官晶繪圖 •

案例2：

　　美國人厄尼斯・朱的書《心靈貨幣》對我影響很大，他提出因恐懼而產生的心態和行為都是心靈假幣，心靈假幣會製造假象，活在假象中有如下的徵兆：

（1）安全的假象：不願改變。

（2）滿足的假象：沉迷。

（3）控制的假象：凡事都看負面。

（4）愛的假象：心存怨恨與創傷。

（5）分離的假象：擔心自己與他人。

魔法點睛：

　　由「假象」我想到了一頭大象，可以用來作為主圖；接下來由「安全」想到安全帽，可以戴在大象頭上；「滿足」想到泥巴沾滿了大象的足；「控制」想到用鏈子纏着象鼻，把大象綁在一根大柱子旁；「愛」一般會想到愛心，畫在大象的身上；「分離」諧音為「分梨」，大象用尾巴把兩個梨分開。如果想把冒號後面的內容記住，有些直接理解就可以了，比較難的加在對應的部位即可，比如「控制」後面的「看負面」，在柱子上畫一隻倒過來的眼睛。

　　下面這張定位圖示，看看你看完後能否記住呢？

• 官晶繪圖 •

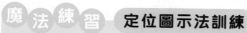 **定位圖示法訓練**

　　多元智能理論是美國哈佛大學教育研究院的心理發展學家霍華德‧加德納在 1983 年提出的，包括：

1. 語言智能

2. 邏輯數學智能

3. 空間智能

4. 身體運動智能

5. 音樂智能

6. 人際智能

7. 內省智能

8. 自然觀察智能

　　請借鑒「記憶初體驗」裏講十二星座的方式，使用身體定樁法來進行記憶，並且將圖示繪製出來。

　　小提示：可以調整順序，先看看哪些智能和身體部位正好有聯繫，但不要只是在對應部位拉一條線寫上文字，比如在嘴巴處寫上「語言智能」，可以用簡筆畫畫出說話的字符，印象會更深刻啊！

記憶魔法學徒分享 官晶

　　我從頭到腳來分享，眼睛裏面有兩棵樹，遠方還有一棵樹，代表「自然觀察智能」；耳朵裏面飄出了音符，代表着「音樂智能」；「語言智能」這個，我在嘴巴外邊畫了一串說出的字符；「內省」一般要用心，在心裏畫了顯微鏡；「邏輯數學智能」，我在左手畫了一個算盤代表「數學」，為了突出「邏輯」，在算盤兩邊畫了蘿蔔；右手在和一個小人握手，代表着「交際智能」；「空間智能」，我想到一個長方體的空盒子，穿在左邊腳上當鞋子；右腳正在踢足球，很動感，所以是「身體運動智能」。

●官晶繪圖●

❸ 鎖鏈圖示法

　　相對而言，圖像鎖鏈法更容易用繪圖來呈現，因為大部分形象只出現一次。而故事法裏有些形象要出現多次，所以需要以分格漫畫的方式呈現。下圖是我在閱讀《精要主義》這本書後畫的，「探索」這個章節包括抽離、審視、遊戲、睡眠、精選這五個部分，所以我用鎖鏈將其串起來：

　　「抽離」想到了抽籤，抽出的籤子上方有眼睛在「審視」，審視甚麼呢？是一個遊戲機的手柄，手柄怎麼和睡眠聯繫呢？想像手柄上的線連在頭髮上。那睡眠和精選有甚麼關係？想到睡眠需要枕頭，而他的枕頭是從 A、B、C、D 裏精選出來的 A。

實戰案例：商鞅變法的主要措施

1. 「為田開阡陌封疆」，以法律形式承認土地私有，確立了封建土地所有制；
2. 重農抑商，獎勵耕織；
3. 統一度量衡；
4. 建立嚴密的戶籍制度，實行連坐法；
5. 獎勵軍功；
6. 普遍推行縣制；
7. 「燔詩書而明法令」。

我們按照鎖鏈的思路一步步來呈現，首先第一點，「為田開阡陌封疆」，我畫了一個「田」，「土地私有」就畫了一個小人代表着「地主」，「重農抑商，獎勵耕織」就挑選農民耕地的形象，地主在監督這個農民。

「統一度量衡」可以想到度量的工具：尺子，畫在田的邊緣來丈量它的邊長。

「戶籍制度」可以想到戶口本，尺子下面有兩根繩子，掛着戶口本。「實行連坐法」可以想到一排小人靠着戶口本肩搭着肩坐着。

「獎勵軍功」想到一個軍功章，想像最右邊的小人手捧軍功章。「推行縣制」可以把「縣」諧音想到「線」，畫在軍功章右邊。

最後一句「燔詩書而明法令」，意思是要焚燒儒家的書籍，推行法家思想來明確法令。「燔詩書」就在線的盡頭點着火，正在燒一本《詩經》；「明法令」可以畫一個令牌，夾在《詩經》裏面。這樣，我們的鎖鏈圖示就完成了，可以在中間的空白處寫上一個「商」來明確主題。

● 呂柯姣繪圖 ●

試試看能不能先看着圖來解說一遍內容。想不起來的看原文來強化，都熟悉了之後，把答案寫在下面吧。

商鞅變法的主要措施：

1. _____

2. _____

3. _____

4. _____

5. _____

6. _____

7. _____

❹ 框架圖示法

框架圖示法，類似於「圖解」，就是把關係複雜、內容較多的文字材料，根據內部的邏輯層次轉化成清晰明瞭的圖形示意符號，從而幫助記憶的一種方法。永田豐志先生在《完全圖解超實用思考術》裏說：「在大腦中邊輸入訊息，邊將其關係用圖解方法記憶下來的圖解翻譯，能夠令右腦也一同工作。不僅傳達的訊息量大，而且在記憶穩定性方面也有很大的優勢。」

簡單的圖解只需要使用正方形、三角形、圓形以及箭頭、直線等基本元素，表示事物之間的相互關係，箭頭表示事物發展的動向，兩個相對的箭頭代表物品交換或者互相作用，兩端箭頭代表着競爭對立的關係，直線代表着合作關係，在箭頭上面寫上文字，可清晰表達相互之間的關係。

我以地理課本《營造地表形態的力量》裏「三大類岩石的相互轉化」為例：

1. 岩漿岩在變質作用下，岩石成分和性質發生了改變，就變成了變質岩。

2. 沉積岩在變質作用下變成變質岩，變質岩在外力作用下被風化成碎屑物質，再經風、流水等侵蝕、搬運後沉積起來，經過固結成岩作用形成了沉積岩。

3. 岩漿侵入地殼上部或噴出地表，冷卻凝固形成了岩漿岩，岩漿岩、沉積岩、變質岩在地殼深處高溫熔化，又重新生成了岩漿。

看這段文字，估計你很容易就被搞暈了，下面的圖解是不是就更加清晰了呢？

記憶魔法師教你超實用學習記憶法

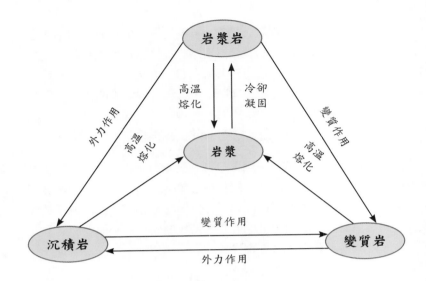

魔法練習　框架圖示法訓練

請將下列二段話分別用圖解的方式呈現出來。

1. **三江平原複合生態模式**：種植水稻可以給貂養殖提供飼料，貂的糞便可以使稻田肥沃，水稻的稻草培養基可以用於食用菌栽培。

2. **《蜘蛛俠：強勢回歸》**（*Spider-Man: Homecoming, 2017*）的人物關係如下：主角蜘蛛俠叫彼得，他的人生導師是鋼鐵俠斯塔克，斯塔克的保鏢哈皮是彼得的聯絡人，彼得的敵人是禿鷲艾德里安，她的女兒莉茲是彼得的愛戀對象，莉茲的同學內德是彼得的室友。

八大圖解框架模型

文字材料之間的關係不同，圖解呈現的形式也就不同，結合永田豐志先生的書籍，以及教科書裏常見的圖解，在此介紹八種常用的圖解框架模型。善用這些模型可以讓知識更清晰、更直觀。借鑑這些框架的同時，我們也可以用單一圖示法，給重難點的文字配圖，讓其更加生動易記。

（一）顯示出基礎層級關係的棱錐型

用類似於金字塔的形式，顯示出基於基礎的相互關係。一般大比例數據、基礎數據居於底層，小比例數據、關鍵數據居於頂層。另外，在一種遞進層級裏，最根本、最基礎的部分放在底層，最重要、最頂尖的部分放在上層，體現出逐級上升的趨勢。

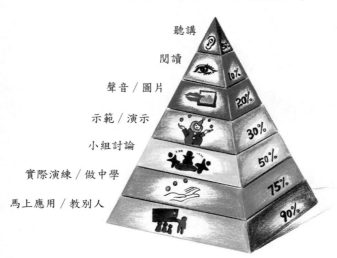

學習金字塔（兩週後記多少）

聽講　5%
閱讀　10%
聲音／圖片　20%
示範／演示　30%
小組討論　50%
實際演練／做中學　75%
馬上應用／教別人　90%

• 莊曉娟繪圖 •

比如上面這張經典的「學習金字塔」，顯示出使用不同的學習方法，在兩週之後還能記住多少。按照保持率從小到大排列，最小的「聽講」放在頂端，最大的「馬上應用／教別人」放在底端。

另一張比較經典的，是馬斯洛的五大需求層次理論：人類的需求從低到高依次為生理的需求、安全的需求、社交的需求、尊重的需求、自我實現的需求，用棱錐圖清晰呈現如下：

馬斯洛需求層次理論

自我實現的需求

尊重的需求

社交的需求

安全的需求

生理的需求

• 莊曉娟繪圖 •

（二）呈現要素的時間推移的流程型

在流程型的框架中，各種要素有一定的時間順序，這個順序並不是只有一個方向，有時會有分叉或者同時進行，所以有主流和支流之分；另外，繪製時一般從左往右、從上往下。

單向性的流程比較簡單，可以用箭頭的形式直線呈現，也可以用階梯的方式依次呈現。比如，美國愛荷華大學的羅賓森提出

「SQ3R 讀書法」，又稱為「五步讀書法」，分別是瀏覽、發問、閱讀、複述、複習這五個學習階段，將關鍵詞結合簡筆畫，呈現出的流程圖如下：

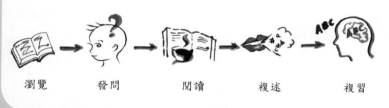

五步讀書法（SQ3R）

瀏覽　　　　發問　　　　閱讀　　　　複述　　　　複習

• 莊曉娟繪圖 •

稍複雜一些的流程圖，舉人類記憶的三級加工模型為例：外界的刺激進入大腦成為感覺記憶，感覺記憶未經注意很快會遺忘，而加以注意則會進入到短時記憶，短時記憶一般幾分鐘也會遺忘，除非對其進行複述或者編碼，才可以更長地保持在短時記憶，或者進入到長時記憶。長時記憶的訊息如果檢索失敗就會遺忘，如果加以提取，就會進入到短時記憶區域。

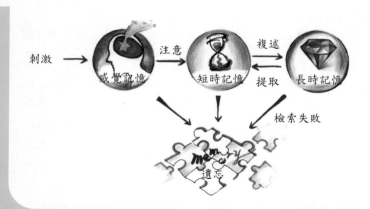

• 莊曉娟繪圖 •

（三）基於要素的循環反覆的循環型

　　循環型是經過幾個過程又回到最初階段的流程，就像車輪不斷地循環滾動一樣。古代的「五行相生」理論就是一個循環，金生水，水生木，木生火，火生土，土生金，金又生水，如此循環反覆。又比如 PDCA 循環，它是全面質量管理所應遵循的科學程序。經過 Plan（計劃）、Do（執行）、Check（檢查）、Action（糾正）四個過程循環不止地進行下去，下面是形象化的圖解。

● 莊曉娟繪圖 ●

　　上述的循環都非常簡單，在生物、化學、地理等學科都有較複雜的循環圖，比如水循環、大氣循環、血液循環等。高中生物科有一張圖解，講解生態系統中的生產者、消費者和分解者之間的關係：「在生態系統中，生產者能夠製造有機物，為消費者提供食物和棲息場所；消費者對於植物的傳粉、受精、種子傳播等有重要作用；分解者能夠將動植物的遺體分解成無機物。如果沒有分解者，動植物的遺體殘骸就會堆積如山，生態系統就會崩潰。」對照下頁的圖解，你會一目瞭然，瞬間理解。

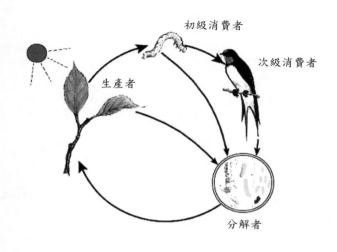

初級消費者

次級消費者

生產者

分解者

（四）呈現要素相互依存關係的衛星型

衛星型框架，是指沒有主次關係的三個或三個以上獨立的要素，以對等的關係保持均衡的框架。如果要素是三個，就可以呈現出等邊三角形，四個可以用正方形來呈現，五個可以用五角星來呈現，要素均放在各個頂點上。

衛星型一般將各個要素通過直線相連，如果要素之間有相互作用，可以用箭頭加文字來呈現，比如高中地理課本裏的可持續發展系統示意圖，經濟系統、社會系統和生態系統之間是相互制約的關係，如下頁所示：

記憶魔法師教你超實用學習記憶法

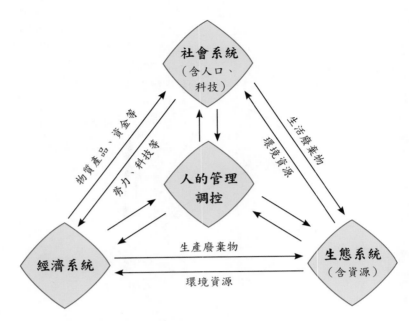

　　波特五力模型由邁克爾・波特於 20 世紀 80 年代初提出，他認為行業中存在着決定競爭規模和程度的五種力量，這五種力量綜合起來影響着產業的吸引力。這五種力量分別是：供應商的討價還價能力、購買者的討價還價能力、潛在競爭者進入的能力、替代品的替代能力、行業內競爭者現在的競爭能力。用五角星配合簡筆畫呈現出的圖解如下：

・莊曉娟繪圖・

（五）基於元素集合有重疊關係的韋恩型

韋恩圖，或稱文氏圖，當要表現一個要素屬多個組別的分組關係時，或者說兩個要素包括共同的要素時，可以使用韋恩圖。數學裏常用來研究和表示「集合問題」，包括交集、並集、補集等。

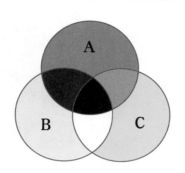

上圖是韋恩圖的示意圖，A、B、C 三個元素，既屬 A 又屬 B 的是深灰色部分，同時屬 B 和 C 的是白色部分，既屬 A 又屬 C 的是淺灰色部分，而同時屬 A、B、C 的是黑色部分。下圖是高中地理課本裏「污染嚴重工業的區位選擇」的圖解，污染空氣、污染水源、固體廢棄物污染是三個元素，一些工業可能只污染一個元素，也可能會污染多個元素，比如火電廠和鋼鐵廠就同時有空氣污染和固體廢棄物污染，通過韋恩圖可以非常直觀地呈現出來。

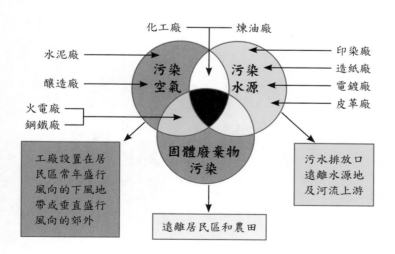

韋恩圖還可以用來比較兩者或三者之間的異同點，如下圖，灰色部分表示 A 與 B 的相似之處，淺綠色表示 A 相較於 B 的獨特之處，深綠色表示 B 相較於 A 的獨特之處。

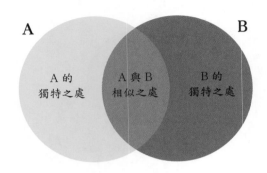

以《史記》與《漢書》的比較為例，它們之間的異同點有很多，在這裏僅羅列出一小部分。相同點：都是紀傳體史書，都屬「二十四史」，作者都是漢代的。不同點：《史記》的作者是司馬遷，這是一部從黃帝一直到漢武帝元狩元年的通史，是作者私人修訂的，而《漢書》的作者是班固，只是西漢一代的斷代史，最初是私人修訂，後來改為官方修訂。通過韋恩圖呈現如下，可以比較清晰地發現其異同之處，這個用途在不同學科均可嘗試。

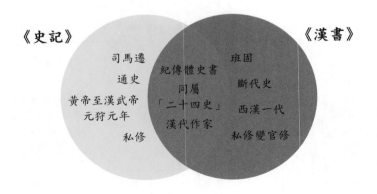

（六）呈現統計數據的規律和趨勢的圖表型

分析一些統計的數值，有時候會看到一些趨勢和規律，以此為基礎就可以製作出各種圖表，直觀而清晰。通過辦公軟件，可以很方便地生成各種圖表，比如柱狀圖，可以表示絕對數量；堆積柱形圖或餅狀圖，可以表示相對數量；折線圖，可以呈現數據的高低起伏趨勢。這些圖表在高中地理課本裏很常見，下面是挑選的幾個案例，我們也可以模仿並自己繪製。

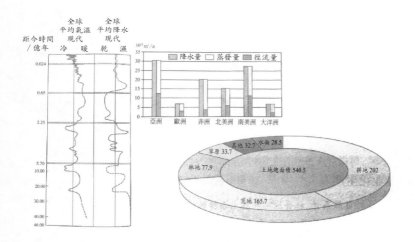

（七）以要素的橫縱兩軸的組合呈現的矩陣型

「矩陣」可能大家聽起來比較陌生，我們常用的表格也可以視為矩陣，在縱軸和橫軸上設置不同的變量或要素，在相交的部分，放入要素和數據。比如期末考試的成績表，縱軸呈現的是學生的名字，橫軸呈現的變量是不同的學科。

我以物理裏溫度、熱量、內能三個概念為例，下面是相關的要點知識：

溫度的單位是攝氏度，它是一種狀態量，表述的方式是「降低」、「升高」、「降低到」、「升高到」、「是」等；熱量的單位是焦耳，是一種過程量，用「放出」、「吸收」等來表述；內能的單

位是焦耳，用「有」、「具有」、「改變」、「增加」、「減少」等來表述，它是一種狀態量。

利用矩陣的方式呈現如下：

項目	溫度	熱量	內能
單位	攝氏度	焦耳	焦耳
量的性質	狀態量	過程量	狀態量
表述方式	「降低」、「升高」、「降低到」、「升高到」、「是」	「放出」、「吸收」	「有」、「具有」、「改變」、「增加」、「減少」

在這張矩陣表格裏，橫軸是三個比較的項目，縱軸是比較的三個要素：單位、量的性質、表述方式，這樣呈現出來非常直觀，記憶起來的工作量也小了很多。我在高中時就特別喜歡這種方式，繪製了大量的比較表格輔助記憶。

（八）將要素按等級分類的樹型

樹型在學校教學裏很常見，比如大括號形式的知識框架圖，它可以分為邏輯樹、組織結構樹、分類樹三大類。邏輯樹的大類為結論，中類為理由，小類為細化的證據；組織結構樹，大類為上級，中類是大類的下級，小類是中類的下級；分類樹，則是大類按照一定的標準分類成中類，中類則又細分為小類。

以「物質的簡單分類」為例：物質根據組成物質的種類的多少可分為混合物和純淨物，純淨物根據組成元素的多少分為單質和化合物，單質又分為金屬單質、非金屬單質和稀有氣體，化合物分為無機化合物和有機化合物，無機化合物分為酸、鹼、鹽和氧化物。我們用樹型圖可清晰呈現如下：

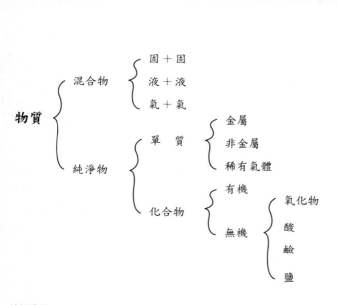

　　樹型的另一種形式是從上往下展開的，比如企事業單位比較常用的組織結構圖，或者《金字塔原理》這本書裏的金字塔模型。以下的是唐朝三省六部制的示意圖，皇帝下面有中書省、門下省、尚書省，尚書省下面又有吏、戶、禮、工、刑、兵六個部，這張圖非常直觀地顯示出它們之間的隸屬關係，下圖是加工後的形象化版本。

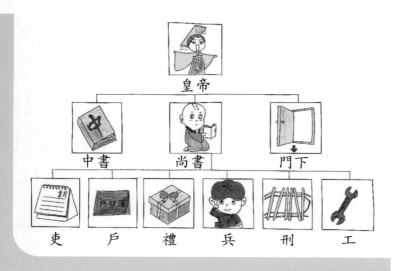

•官晶繪圖•

樹型裏面比較流行的形式是思維導圖，由世界大腦先生托尼・博贊發明，被稱為是「打開大腦潛能的萬能鑰匙」，博贊先生曾說：「如果把學習比作是一場作戰，思維導圖就像是指揮官的作戰指揮圖，而記憶術就好比是士兵手中的武器，兩者合二為一，戰無不勝。」

下圖是博贊思維導圖認證講師劉麗瓊為我畫的思維導圖，分為「簡介」、「興趣」、「事業」、「夢想」四個部分，興趣又分為「閱讀」、「攝影」、「冥想」三個分支，「攝影」主要喜歡的是「花卉」，「花卉」裏又鍾愛「櫻花」、「荷花」、「梅花」，可以看出是比較典型的等級分類。

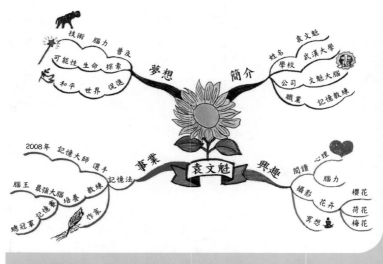

● 劉麗瓊繪圖 ●

思維導圖是一個功能強大的工具，除了輔助記憶，還可以用來整理筆記、視覺展示、激發創意、構思寫作、解決問題、策劃方案等，可以看書或參加課程進行系統學習。

　　這八種圖解框架，可以使用繪圖記憶法呈現如下。想像棱錐型的建築裏流出來河水，河水經過了一個循環，流進了一顆衛星裏，衛星上垂下來的圍巾圍住了一個人（「韋恩」諧音為「圍人」），這個人手裏拿着一張圖表，把它通過矩陣裏的士兵運送到樹上貼起來。嘗試一下，是否可以看完圖就記住呢？

● 官晶繪圖 ●

　　這八種框架並不能囊括所有訊息，但卻是最常使用的，如果能夠善用它們，更直觀形象地呈現訊息，不論是幫自己還是幫別人記憶，都是一個很不錯的選擇。如今，我們進入了一個「讀圖時代」，連官方機構都用圖解的方式來解讀國家政策，很多高深的書籍都出版了圖解版，幫助讀者加深理解和記憶，手賬、視覺記錄、可視化會議也漸漸被大眾熟知。

魔法小結

　　繪圖記憶法是將抽象的訊息轉化為形象之後，用簡筆畫的方式呈現出來的方法，也稱為「圖示記憶法」，本節主要分享單一圖示法、鎖鏈圖示法、定位圖示法、框架圖示法四種方式。

- 單一圖示法，即給單個孤立訊息配上一張插圖的方法，主要用於形象記憶法、配對聯想法和簡單的字頭歌訣法的視覺呈現，也可用於定樁法裏的數字定樁法、地點定樁法和熟語定樁法等。

- 定位圖示法，主要是將身體定樁法和物品定樁法進行視覺呈現。

- 鎖鏈圖示法，主要是將圖像鎖鏈法進行視覺呈現。

- 框架圖示法，主要分享了八大圖解框架模型：

　　1. 顯示出基礎層級關係的棱錐型。

　　2. 呈現要素的時間推移的流程型。

　　3. 基於要素的循環反覆的循環型。

　　4. 呈現要素相互依存關係的衛星型。

　　5. 基於元素集合有重疊關係的韋恩型。

　　6. 呈現統計數據的規律和趨勢的圖表型。

　　7. 以要素的橫縱兩軸的組合呈現的矩陣型。

　　8. 將要素按等級分類的樹型。

　　如果說前面的幾根魔棒是相機的記憶咭，全靠在腦海中想像，繪圖記憶法就像是打印照片，雖然不可能百分百呈現腦海中的形象，但是通過直觀的方式呈現出來，會讓我們的印象更加深刻。在這裏再次強調，畫得美與醜並不重要，關鍵是能夠幫助我們記住，「內在美」才是真的美！

　　至此，我們的六根記憶魔棒都已經到手，但我們在甚麼時候該用甚麼魔棒呢？魔棒又能怎樣組合發揮更大的魔力呢？下一章我們將分享七種常見的訊息記憶模型，幫助大家見招拆招，靈活使用記憶法。

05

七種常見的訊息記憶模型

記憶使你成為獨一無二的你，
你就是你記憶中所有經歷的總和。
成功者的大腦不只是在記憶中存儲大量的訊息，
他們還運用過去的經驗來構建新知識，
從而改善未來的表現。

——《成功者的大腦》

學完記憶法之後，最關鍵的就是能用出來，很多同學反映：「記憶課上老師講的案例都會，但回去以後就是用不出來！」確實，從「知道」到「做到」需要訓練的過程，同時也需要一定的技巧，而掌握「訊息記憶模型」就是一種捷徑。

我高中學數學時比較重視「母題」，它是構成所有試題的最小單元，是有完整邏輯的最小典型題，它們被重新組合，變成無數的新題，掌握了母題並且在審題時發現它，就可以舉一反三，輕鬆攻破。我一直覺得，使用記憶法與解一道數學題差不多，肯定也有「母題」；經過探索，我總結出「七大訊息記憶模型」，基本上所有的訊息都由這些模型組成，只要能夠敏銳地發現這些模型，使用記憶法就可以遊刃有餘，我們一起先來熟悉這些模型吧！

一 零散訊息的散點模型

零散訊息是孤立存在的訊息，它們散佈在我們的學習和生活中，我把這種模型稱為散點模型。很多時候，零散訊息可能只是一個專有名詞，比如人名、地名、書名、物品名、成語、行業術語等，有時候只是一些生僻的漢字、字母、數字或者是符號。

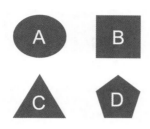

● 零散訊息：散點模型 ●

在生活中，比如你約了朋友在北京見面，他告訴你：「坐地鐵到木樨地下車。」你的朋友讓你幫忙帶外賣，她說：「幫我買一份湘乳燒鱸魚回來。」你的爸爸告訴你：「等會兒去招商銀行辦一張信用卡。」木樨地、湘乳燒鱸魚、招商銀行信用卡都屬零散訊息。

還有一些零散訊息分佈在文章之中，整篇文章都容易理解記憶，只有它相對比較陌生或抽象，比如李白的《蜀道難》裏「飛湍瀑流爭喧豗，砯崖轉石萬壑雷」這一句中的「豗」和「砯」，就像是突兀的孤島，擋住了你記憶的道路。

對於散點模型的文字訊息，一般使用形象記憶法，用「鞋子拆觀眾」（見第 48 頁）進行轉化即可。比如「湘乳燒鱸魚」、「招商銀行信用卡」只需要在腦海中直接想出形象，「木樨地」如果不熟悉，就想像你出了地鐵口，發現木頭屑滿地都是。

另一種方式是將詞語放入語言情境之中，常用於學習外國單詞或者方言詞匯時。以武漢方言為例，在巴士上經常聽人說：「師傅，幫個忙，您在前頭拐彎的地方帶一腳。」過一會兒師傅就停了車，你就知道「帶一腳」是「請停車」的意思。有一次去一位朋友家，他家裏有很多稀奇古怪的收藏，他說：「我就喜歡收藏這些尖板眼，蠻好玩！」我就猜到「尖板眼」是啥意思了。

二 成對訊息的鑰匙和鎖模型

成對出現的訊息，就像一把鑰匙對應着一把鎖，彼此的配對是獨一無二的，比如作家與作品、單詞與意思、國旗與國家、人名與面孔等，這些在講「配對聯想法」時都有舉例說明。

有一些鑰匙和鎖模型相對隱蔽一些，比如「科學發展觀的新定位」講道：「第一要義是推動經濟社會發展，核心立場是以人為本，基本要求是全面協調可持續，根本方法是統籌兼顧，精神實質是解放思想、實事求是、與時俱進、求真務實。」這裏面，「是」前後的訊息符合鑰匙和鎖模型，你如果把「以人為本」背成是「根本方法」，就打不開這把鎖了。「核心立場是以人為本」，可以配對聯想到每個人拿着一個本子，站立在畫着黑心（核心）的廣場上面。

又比如，《道德經》第 8 章的「居，善地；心，善淵；與，善仁；言，善信；政，善治；事，善能；動，善時。」這裏「居」與「地」、「心」與「淵」、「與」與「仁」等都是成對訊息。有些很容易記憶，比如「政」與「治」組成詞是「政治」、「言」與「信」聯想到「言而有信」，不好記的就用配對聯想法，比如「心」與「淵」，想像心掉進了一個深淵裏。

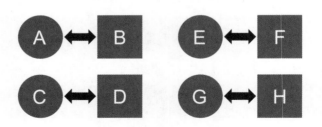

• 成對訊息：鑰匙和鎖模型 •

175

七種常見的訊息記憶模型

三 並列訊息的花瓣模型

並列訊息，就是訊息之間的地位是平等的，而且彼此互換順序也不影響，花朵的每一片花瓣都是並列關係，所以稱它為「花瓣模型」。比如「四大名著」、「十大元帥」、「十八羅漢」都符合「花瓣模型」。

有些並列訊息會通過頓號、分號呈現，比如人體八大系統包括：運動系統、神經系統、內分泌系統、循環系統、呼吸系統、消化系統、泌尿系統、生殖系統。有時也會以序號的方式呈現，但答題時順序打亂也沒關係，比如社會保障主要由五個方面組成：1.社會保險；2.社會救濟；3.社會福利；4.社會優撫；5.社會互助。另外，「和」、「與」、「或者」等連詞也提示你這可能屬並列訊息。

針對並列訊息，10個以內的，我們一般以鎖鏈故事法為主，如果量比較大的話，可以分類或分段之後再使用鎖鏈故事法。當然，並列訊息也可以使用定樁法，雖然並沒有要求記住順序。如果這些並列訊息比較熟悉，且內容很少，比如是地名、食物名等，則優先考慮字頭歌訣法，比如中國四大古鎮：景德鎮、佛山鎮、漢口鎮、朱仙鎮，可以提取字頭「井口佛珠」。

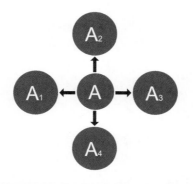

• 並列訊息：花瓣模型 •

四 順序訊息的排隊模型

有一種特殊的並列訊息，需要按照特定的順序來記憶，比如時間、空間、因果、文本等順序，此時就相當於排隊，要是你隨意打尖的話，別人肯定不同意。

第一種是時間順序，對應「八大圖解框架模型」裏的流程圖，比如辦理戶口遷移的流程、做化學實驗的步驟、舞蹈動作的順序等。

第二種是空間順序，比如武廣高鐵依次停靠的站點、太平天國運動途經的城市、某一條經緯線穿過的國家等。

第三種是排名順序，比如梁山 108 好漢、福布斯富豪排行榜、世界腦力錦標賽成績排名等。

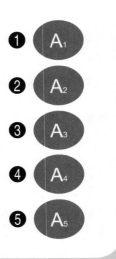

● 順序訊息：排隊模型 ●

第四種是文本順序，雖然是排比句式，彼此是並列關係，但作者按甚麼順序寫的，你就得按順序背出來；比如《道德經》第 22 章：「曲則全，枉則直，窪則盈，敝則新，少則得，多則惑。」如果考試默寫反了，就沒有分數。

順序訊息屬並列訊息的特例，使用的記憶方法也比較類似，只是必須按順序編故事和歌訣。另外，還需要根據考核的方式來確定策略，比如梁山 108 好漢，如果讓你按順序默寫名字，用哪種方式都可以記住；但如果要現場快速搶答：「排名 18 位的是誰？」、「鄒潤排名多少位？」此時最好採用定樁法，最優方案是數字定樁法。

　　另外，如果每一條訊息的內容都比較抽象且內容較多，比如文科考試裏的問答題，此時採用定樁法可能要優於鎖鏈故事法。比如中國政府工作報告講到 2017 年工作重點有：用改革的辦法深入推進「三去一降一補」、「深化重要領域和關鍵環節改革」、「進一步釋放國內需求潛力」等，每一句話後面還有很多闡釋的內容，我會毫不猶豫地選擇使用地點定樁法。

五　縱橫交錯的矩陣模型

　　有一些文本訊息縱橫交錯，呈現出「八大圖解框架模型」中的矩陣型，就像是在戰場上排兵佈陣一樣。上圖裏，橫向的三個元素分別是 A、B、C，縱向的四個元素是甲、乙、丙、丁，每個縱橫交叉都會有一個訊息。以圖表的方式呈現矩陣比較直觀，如果沒有以圖表呈現，可以嘗試先用圖解轉化為這種形式。

	A	B	C
甲	甲$_A$	甲$_B$	甲$_C$
乙	乙$_A$	乙$_B$	乙$_C$
丙	丙$_A$	丙$_B$	丙$_C$
丁	丁$_A$	丁$_B$	丁$_C$

● 縱橫交錯：矩陣模型 ●

五行	木	火	土	金	水
五臟	肝	心	脾	肺	腎
五腑	膽	小腸	胃	大腸	膀胱
五官	目	舌	唇	鼻	耳
五體	筋	脈	肉	皮	骨
五情	怒	喜	思	憂	恐

我以這張圖表為例，五行學說是古代樸素的唯物主義哲學，認為宇宙萬物都由木、火、土、金、水五種基本物質的運行和變化所構成，它們相互作用、相互發展，維繫着自然的平衡。中醫用五行理論來解釋人體內臟之間的相互關係、運動變化及人體與外界環境的關係。所以，五行與五臟、五腑、五官、五體、五情都有對應關係，比如「火」在五體裏對應着「脈」。

處理這樣的矩陣模型有兩種方法：

第一種是橫向並聯式的，可以按順序依次記住五行、五臟、五腑每一行的內容，五行經常說的順序是「金木水火土」，此表的順序是「木火土金水」，可以想像樹木着火了吐出金水。五臟是「肝心脾肺腎」，諧音「幹新啤廢腎」，一口幹了新產的啤酒，尿急了廢了腎。五腑挑取字頭是「膽小胃大胱」，想像一個膽小鬼的胃部發出一大束光芒。

依次將後面的記憶完畢，當問你：「『金』對應五臟的甚麼？」按照「水火土金水」知道「金」是第四個，回憶出「肝心脾肺腎」，找到第四個是「肺」。

第二種是豎向串聯式。首先，我們需要記住從上到下的順序，是五臟、五腑、五官、五體、五情，「臟腑官體情」諧音「丈夫關體情」，聯想到丈夫很關注體育比賽的情況。接下來，就依

次記住每一列，「木」對應的是「肝膽目筋怒」，聯想到肝膽相照，照得眼睛抽筋，引起勃然大怒。「火」對應的是心、小腸、舌、脈、喜，「心小舌脈喜」倒過來記是「喜脈舌小心」，想像醫生給孕婦把脈：「恭喜你，是喜脈，舌頭吃東西要小心哦！」

依次記憶完畢之後，要問你：「『火』對應五體裏的甚麼？」你可以調出「心小舌脈喜」，從中挑出屬五體的「脈」。如果考核的次數多了，慢慢你不用歌訣也能脫口而出了。

另外，知識比較型的表格也屬矩陣模型，如果是比較簡單的表格，也可以嘗試使用「理解記憶法」和「規律記憶法」來記憶，我以生物學科的「動脈、靜脈和毛細血管的結構和功能」為例：

血管名稱	管壁特點	血液速度	瓣膜	功能
動脈	較厚，彈性大	速度快	無	將血液從心臟輸送到身體各部分
靜脈	較薄，彈性小	速度慢	四肢靜脈的內表面有靜脈瓣	將血液從身體各部分輸送回心臟
毛細血管	非常薄	最慢	無	便於血液與組織細胞充分地進行物質交換

提前找到規律後，記少不記多。按照動脈、靜脈、毛細血管的順序，發現管壁從較厚到較薄到非常薄，血液速度從速度快到慢到最慢，這個規律找到後就非常好記。而瓣膜，只需要記住特例是「靜脈」即可。功能方面，「一動一靜」對應的是供血「一送一收」，關鍵點就是記住毛細血管的功能，「細血」兩個字和血液的「血」與組織細胞的「細」有對應關係，也非常好記。

六　階層化訊息的金字塔模型

　　金字塔模型對應「八大圖解框架模型」裏的樹型，要記憶起來相對複雜一些。除了在重點部位使用插圖強化，以及結合理解記憶法外，還可以靈活使用六根魔棒。

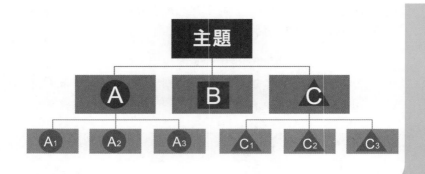

● 階層化訊息：金字塔模型 ●

　　生物課本裏《眼和視覺》講眼球部分的核心要點如下：

　　眼球分為眼球壁和內容物。眼球壁由三層組成，外層由角膜和鞏膜覆蓋，角膜無色透明，富含神經末梢，鞏膜白色堅固，保護眼球。中層由虹膜、睫狀體和脈絡膜組成，虹膜有色素，中央有瞳孔，睫狀體內有平滑肌，有調節晶狀體曲度的作用。脈絡膜血管豐富，有營養眼球的作用，同時色素細胞豐富，有遮光和形成暗室的作用。內層是視網膜，視網膜有感光細胞，能夠接受光刺激，產生神經衝動。內容物分別是房水、晶狀體和玻璃體。房水是水樣液，晶狀體富有彈性，具有折光作用。玻璃體是膠狀物，也是透明的。

　　這段內容這樣呈現，可能不那麼直觀，我們整理後如下圖，便可看到它屬典型的金字塔模型。

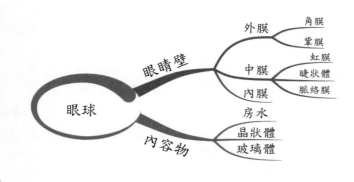

要記憶這樣的模型有兩種技巧：

（一）**先宏觀再微觀，或從微觀到宏觀，靈活使用鎖鏈故事法或字頭歌訣法。**比如從宏觀開始，先記住眼球分為眼球壁和內容物，想像眼球類似牆壁，牆壁上面寫有很多內容。接下來內容物分為房水、晶狀體和玻璃體，直接串起來，聯想成「房子裝的是水晶玻璃」即可。眼球壁的外、中、內層很好記，外膜分為角膜和鞏膜，聯想到外國人坐公交車（鞏角）；中膜包括虹膜、脈絡膜、睫狀體，聯想到長着紅睫毛的中國人在做脈絡按摩。

最後，每個結構的功能，可以通過理解或者配對聯想記憶，比如晶狀體富有彈性，具有折光作用，想像一顆水晶放在彈簧上，折射着太陽光芒。整個記憶過程反過來，先將細節部分記住，然後再把握宏觀框架，也是可行的。

（二）**利用多層級的定樁系統，比如地點定樁法或數字定樁法。**利用地點樁來作為多層級定位系統，是指根據記憶材料的層級數，我們可以確定地點的層級數，假設材料有四個層級，我們可以使用家裏的房子，再找幾間不同的房間，房間裏各找幾個物品，每個物品又細分為局部，就像「俄羅斯套娃」一樣層層相扣。

比如「眼睛壁」和「內容物」分別用客廳和臥室來定樁，因為客廳裏有壁畫，臥室一般內容比較豐富。「外膜」、「中膜」、「內膜」分別想到客廳的餐桌、茶几、電視櫃，在餐桌上豎着一個牛角，代表「角膜」，椅子上坐着馮鞏，代表「鞏膜」；我家的茶几上分別有抽紙、書籍、水果籃，想像一抽抽紙，就抽出了一道彩虹，這代表着「虹膜」，書籍上畫着一隻眼睛，長長的睫毛在閃動，代表「睫狀體」，水果籃裏有剝開的橘子，脈絡非常清晰，代表「脈絡膜」。這個就是多層次的定樁系統，看起來有一點複雜，所以一般而言，第一種方法使用較多。

七 空間位置關係的地圖模型

在生物學科裏，會出現各種動植物的結構圖，這是微縮版的「地圖」，比如植物細胞結構圖、花的結構圖、人體心臟結構圖等。我們需要記住不同的部位名稱，並且在空白的圖上辨認出來。有些名稱與其形象有一定的邏輯聯繫，所以可以靈活來進行記憶。

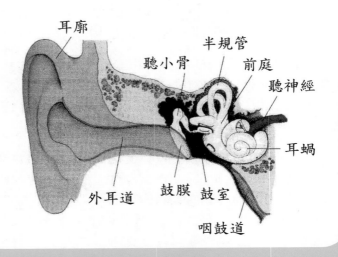

• 人耳結構圖 •

我們以耳部結構圖為例，從外往內記憶，「耳廓」是耳朵的外輪廓，「廓」去掉「广」就是「郭」，外耳道、鼓膜、耳蝸、聽小骨、聽神經的名字和它的形象比較接近，很容易記憶。「半規管」的形狀是管狀的，聯想一下：用半個圓規插在這管子上面。鼓膜、鼓室、咽鼓管從外到裏，也可以按順序想像鼓膜在鼓上，鼓被放在教室裏，這些鼓會被下邊的管道咽下去，所以叫「咽鼓管」。

根據上面的分享，如果有特徵很容易記的，就單獨搞定，如果局部有很多部位且特徵不明，可以按照一定的順序，使用類似於地圖的方式巧記。

我們再複習一遍這七種訊息記憶模型。它們分別是散點模型、鑰匙與鎖模型、花瓣模型、排隊模型、矩陣模型、金字塔模型、地圖模型，如果使用字頭歌訣法，可以編成「散鑰花隊矩金地」，諧音是「山藥花隊舉金地」，想像一支舉着山藥花的花隊，在金色地板上站着迎接貴賓。

這七大訊息記憶模型有時會孤立出現，但更多的時候會結伴同行，並且隱藏在書本之中，需要我們的火眼金睛去發現。

• 官晶繪圖 •

語文基礎知識的記憶

如果應用這些記憶原則，
你就能夠同時橫跨知識的世界和記憶的世界，
讓自己具備一些優勢：
更多的自信、
越來越豐富的想像力、
逐漸改善的創造力、
大大提高的感知能力、
還有更高的智商。
——多米尼克（世界腦力錦標賽總冠軍）

著名數學家華羅庚說：「要打好基礎，不管學文學理，都要學好語文。因為語文天生重要。不會說話，不會寫文章，行之不遠，存之不久。」、「學理科的不學好語文，寫出來的東西文理不通，枯燥無味，佶屈聲牙，讓人難以看下去，這是不利於交流，不利於事業發展的。」數學家蘇步青說：「如果說數學是各門學科的基礎，那麼語文就是這個基礎的基礎。」

一 漢字形義的記憶

語文考試會考查漢字的讀音、拼寫和含義，難記的地方主要表現為六個方面。

❶ 字形、字音陌生的疑難字

例：黼國黻家

魔法點睛：這個成語指國家文教之治，美如錦繡。「黼」的讀音和「甫」相同，字形拆成「业」、「黻」的左邊、「甫」，可以想到對自己的作業黻帚自珍的杜甫，把破舊的作業本放在懷裏珍藏。

❷ 字形、字音都很像的易混字

例：寒（暄）、（喧）鬧

魔法點睛：可以使用聯想法，寒暄的「暄」是「日」字旁，想到太陽下見面就不「寒」了；喧鬧的「喧」是「口」字旁，因為很多口都在說話，所以才喧鬧。

例：（闌）珊、波（瀾）、斑（斕）

魔法點睛：「波瀾」是比較容易理解的，因為有「水」；「闌珊」有悽楚、凋零之意，「闌」連個偏旁都沒有，確實有點悽楚；「斑斕」是色彩燦爛絢麗的意思，正好「斑」中間也有個「文」，另外「文」還有「花紋」的意思，有各種花紋才會色彩絢爛。

❸ 成語裏的錯別字

有些錯別字放在成語中，也可以解釋得通，我們會想當然判斷它就是對的，而實際上卻是錯的，所以這類詞很難找出錯別字。

比如「憑心而論」，我認為它的意思是：憑着良心來評論。這解釋貌似天衣無縫，但實際上沒有「憑心而論」這個詞，正確的詞語是「平心而論」，意思是心平氣和地談論。可以藉助聯想的力量，由「平」想到排球教練郎平，想像郎平正心平氣和地和選手談論技術問題。

又比如「本相必露」，我把這個詞解釋成：本相必定會暴露。正確的詞應是「本相畢露」，意為本相全部暴露出來。由「畢」可以想到畫家畢加索，想像畢加索把兇手的畫像畫出來了，兇手的本相就全部都暴露了。

下面這些詞也曾讓我迷糊過，括號內為錯別字。

例：班（搬）門弄斧

魔法點睛：這個班是指「魯班」，在魯班門前耍斧頭，那是自取其辱，而不是說大力士去「搬門」。

例：一籌（愁）莫展

魔法點睛：籌是古代用於計數的算籌，引申為謀劃、計策。一種計策都不能施展開來。由「籌」想到「籌錢」，要看病但籌不到錢，所以很苦惱，一籌莫展。

④ 相近詞語的詞義辨析

例：「範圍」與「範疇」

「範圍」強調上下四周的界限，相對具體。

「範疇」強調學科領域，比較抽象，屬書面語。

魔法點睛：聯想到具體的應用場景來記憶，由「範圍」想到「* 范偉」飾演的一個保安，他管轄的社區的範圍是相對具體的；由「範疇」想到大學的教授為論文而「犯愁」，他研究的課題是相對抽象的。

例：「委屈」與「委曲」

委屈：指受到不公平、不應有的指責或待遇，心裏難過。

委曲：曲意遷就，勉強遷就。

魔法點睛：根據不同的那個字來區別，不同的字的意思影響着詞語的意思。「屈」就是不公平，「曲」是彎曲的意義，把自己彎曲來遷就別人。

* 注：范偉是中國名演員

例：「氣度」與「氣概」

「氣度」指人的修養，「氣概」指人的精神。

魔法點睛：根據不同的字對詞的意思進行圖像聯想，如「度」和「修養」，「度」想到溫度計，「修養」想到修理羊毛，牧羊人用溫度計來修理羊毛。「概」和「精神」想到我抱着弗洛伊德的精神分析學說的書籍在背概念。

二 文學常識的記憶

文學常識是指古今中外與文學相關的各種知識，包括作品、作家、年代、字號、文學理論、典故、合稱等很多瑣碎的知識，量特別大而且易混淆，我在準備考研時就深受其苦，還好有記憶法作為攻克難關的武器。

① 記憶作家的字號、別稱

記憶作家的名與字時要注意，有些名與字的意義相同或相近。例如：屈原，名平，字原，平、原意思相近。班固，字孟堅，固、堅是同義。曾鞏，字子固，鞏、固意思相近。杜甫，字子美，甫、子均為古代男子的美稱。

如果不清楚這些意義，也可以通過配對聯想法來記憶，比如杜甫，字子美，想到「肚子上畫着美羊羊」。白居易，字樂天，「居易」倒過來想到「易居」，就是改變居室，想像古天樂每天都在重新佈置自己的家。

對於常見的別稱，我們也可以配對來記，比如歐陽修的別稱是「六一居士」，我會想到《射雕英雄傳》裏歐陽鋒在六一兒童節給孩子們修理玩具。李清照是「易安居士」，聯想到一大清早，* 李易峰就戴着安全帽摘李子去了。

* 注：李易峰是中國名演員

當然，我們也可以把常見的「居士」放在一起，編成一個歌訣一網打盡，比如下面這些：

青蓮居士 —— 李白

香山居士 —— 白居易

六一居士 —— 歐陽修

東坡居士 —— 蘇軾

稼軒居士 —— 辛棄疾

易安居士 —— 李清照

我編了一個簡單的歌訣：

青蓮李白居香山，

六一去修蘇東坡，

棄疾稼軒照易安。

❷ 記作家的系列作品

例：老舍的代表作有《駱駝祥子》、《四世同堂》、《龍鬚溝》、《茶館》。

魔法點睛：可以運用故事法，想像老舍騎着駱駝，帶着自己四世同堂的家族，到龍鬚溝的茶館裏喝茶。也可以用字頭歌訣法：舍四駱龍茶，諧音想像是：捨棄了四擺龍井茶。

例：冰心的代表作有《超人》、《春水》、《繁星》、《小橘燈》、《姑姑》、《往事》、《寄小讀者》。

魔法點睛：可以運用故事法，想像超人帶着冰心從春水裏飛起，到空中摘下了天上的繁星，放在小橘燈裏，姑姑在燈下回憶往事，把它寫下來寄給小讀者。

例：莎士比亞的四大悲劇為《哈姆雷特》、《奧賽羅》、《李爾王》、《麥克白》。

魔法點睛：可以運用故事法，「李爾王」想到李白耳朵上戴着王冠，他拿着麥克風在白天宣佈：「哈利・波特的母親來了，要去參加數學奧賽嘍！」也可以挑取字頭「哈羅李白」，想像莎士比亞遇見了李白：「哈囉，李白！」

❸ 記作品或作家的合稱

例：杜甫的「三吏三別」為《石壕吏》、《潼關吏》、《新安吏》、《新婚別》、《垂老別》、《無家別》。

魔法點睛：杜甫在一個石壕裏將兒童關起來，派一個新的保安看守，保安從新婚一直看守到垂老仍然無家可歸，別提多傷心啦！

例：「竹林七賢」指的是嵇康、阮籍、山濤、向秀、劉伶、王戎、阮咸。

魔法點睛：學生沈華這樣進行了轉化，嵇康：雞吃糠；阮籍：軟軟的雞；山濤：山間的滔滔流水；向秀：香球；劉伶：柳林；王戎：《王者榮耀》遊戲；阮咸：軟軟的鹹魚。

編成故事是：一隻軟軟的雞吃完糠想運動一下，牠腳踢着一個香球，穿過茂密的柳樹林，到山間的滔滔流水邊，和軟軟的鹹魚一起打起了《王者榮耀》。

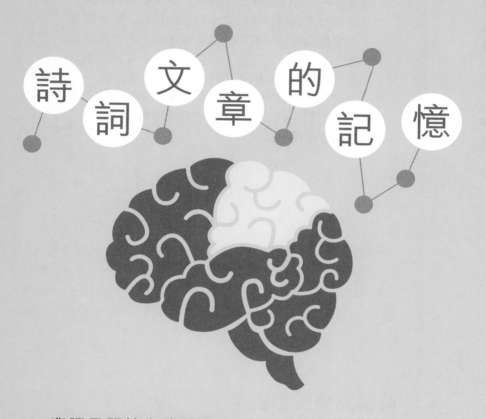

07

詩詞文章的記憶

背誦是記憶力的體操。

── 托爾斯泰（俄國作家）

詩詞文章的背誦自古就是一大難題。

老舍先生說：「只有『入口成章』，才能『開口成章』。」通過背誦向大腦輸入的大量詩詞文章，是我們日常口語表達和寫作輸出的原料，很多知名的作家都是背誦的高手。巴金可以將 200 多篇《古文觀止》熟背，俄國文豪托爾斯泰每天早起都要背誦，博聞強識才寫出了《戰爭與和平》等巨著。

詩詞文章的記憶相對比較複雜，幾乎包含了各種記憶模型，以及一些不能歸類進模型的部分，所以要綜合使用各種技巧。

我在高中時用形象記憶法背誦《再別康橋》、《蜀道難》、《前赤壁賦》等文章，在大四時又將《道德經》、《論語》、《易經》等書完整背下來，在探索的過程中，我慢慢摸索出一些行之有效的方法，背書的速度更快，保持得也更長久，本章我將全部分享給大家。

背誦文章的步驟：

第一步：整體把握文章

先通過看、讀、聽等方式感官記憶，此時主要了解文章的核心主題、邏輯結構、表達方式等，同時邊閱讀可以邊想像畫面，有些簡單的段落自然而然就記住了。此時默讀一遍，朗讀一至兩遍即可。

第二步：消滅攔路虎

有些生僻的字詞句等，可以通過注釋和譯文弄懂；如果用理解的方式無法記牢，可以使用記憶法來強化記憶。當我們消滅了這些攔路虎，對於整篇文章的記憶就更有信心了。

第三步：巧用記憶法

比較長篇的文章，可以先梳理出提綱，比如議論文的論點和論據，記敘文的起因、經過、發展、高潮、結果，說明文的說明順序：時間順序、空間順序、邏輯順序等。

具體段落我們要各個擊破，此時要尋找出不同的記憶模型，有些詩詞通過形象記憶法想像畫面就能記住，有些屬排比句式的「排隊模型」，可以使用鎖鏈故事法或字頭歌訣法，也可以用繪圖記憶法來輔助。特別是長篇的詩詞文章，比如《長恨歌》、《岳陽樓記》、《赤壁賦》等，可以用地點定樁法來輔助記憶各段落或句子之間的順序。

第四步：清理死角

記憶法不能解決所有問題，有些個別的字詞可能容易忘記，或者某些詞語的順序常背錯。此時我們需要通過嘗試回憶來找到死角，將這些部分圈出來，對其進行強化記憶，直至能夠逐字背誦。

第五步：科學複習

在把每一段各個擊破之後，我們需要及時多鞏固兩遍，然後再記憶下一段的內容，下一段記憶牢固後再複習前一段，這樣滾雪球式的複習方法，可以讓我們的記憶保持更久。當所有段落都記憶完畢之後，可以再整體複習背誦兩三遍，記憶心理學裏提到「過度學習理論」，就是當你可以一字不漏背出來時，可以再加一點火候，讓它超過「沸點」，這樣記憶可以保持得更久。

本章我們以具體的實例來演示，講解如何巧用記憶法背誦文章。

一 形象記憶法

在詩詞文章中，針對比較形象且有情節的寫景或敘事的部分，我們可以使用「形象記憶法」，身臨其境在腦海中想像畫面，比如《荷塘月色》、《觀滄海》、《桃花源記》等。

敘事類的片段，我舉兩個例子：

張岱《湖心亭看雪》

到亭上，有兩人鋪氈對坐，一童子燒酒爐正沸。

見余，大喜曰：「湖中焉得更有此人？」拉余同飲。

余強飲三大白而別。

樂府民歌《木蘭辭》

開我東閣門，坐我西閣床。脫我戰時袍，著我舊時裳。

當窗理雲鬢，對鏡貼花黃。

出門看火伴，火伴皆驚忙：同行十二年，不知木蘭是女郎。

這兩段都比較容易理解，第一段講的是作者看到亭裏有人飲酒，拉他一起喝了三大杯。第二段講花木蘭回家後脫下戎裝，變回女兒身後，夥伴們得知她是女郎，驚慌失措。我們只需要將「劇本」變成大腦裏的「電影」即可記住，如果一些細節部分的措辭記不住，可以單獨添加形象；比如「湖中焉得更有此人」裏的「焉」易忘記，可以想像這個人身上在冒煙（焉）。

寫景類的，我舉唐代詩人王維的《山居秋暝》為例：

山居秋暝

空山新雨後，天氣晚來秋。

明月松間照，清泉石上流。

竹喧歸浣女，蓮動下漁舟。

隨意春芳歇，王孫自可留。

譯文：

空曠的群山沐浴了一場新雨，夜晚降臨使人感到已是初秋。
皎皎明月從松隙間灑下清光，清清泉水在山石上淙淙淌流。
竹林喧響知是洗衣姑娘歸來，蓮葉輕搖想是上游蕩下輕舟。
春日的芳菲不妨任隨它消歇，秋天的山中王孫自可以久留。

　　在腦海中想像畫面時，可以參考官晶繪製的這幅圖，想像
一座空曠的山上正在下雨，刮起的風將秋天的樹葉吹落，葉落到
一片松樹林裏，明月照在這松樹之間，松樹旁邊一條清泉流過石
頭，河流的中游浣衣女洗完衣服走過竹林，發出喧響，而水中的
蓮葉被漁船驚動了。最後在下游，想像春天的花已經凋謝了，一
個姓王的孫子留着不走，在這裏的房子裏住下了。

　　在想像畫面時，如果上下句之間沒有比較清晰的關係，我們
需要自己去構建空間關係，將一個個分鏡頭連起來，這樣回憶起
來更流暢。上面這首詩是使用順時針的方向來構建畫面的。

• 官晶繪圖 •

當我們將整個畫面在腦海中想像兩三遍之後，就可以嘗試着回憶，對一些死角再去強化記憶，比如這個「喧」如果老是記不住，可以想像竹子上掛着宣紙，來突出這個是「喧」，而不是「動」、「鬧」、「吵」等字。

形象記憶法一般都可以用繪圖記憶來呈現，除了上面這樣將畫面整體呈現以外，律詩這樣稍長一點的詩，也可以分段呈現，放在四宮格裏。我以王勃的五言律詩《送杜少府之任蜀州》為例，這首詩寫景與抒情融為一體，是難得的佳作。

送杜少府之任蜀州

城闕輔三秦，風煙望五津。
與君離別意，同是宦遊人。
海內存知己，天涯若比鄰。
無為在歧路，兒女共沾巾。

譯文：

雄偉長安城由三秦之地拱衛，透過風雲煙霧遙望五大渡口。
和你離別心中懷着無限情意，因為我們同是在宦海中浮沉。
只要在世上還有你這個知己，縱使遠在天涯也如近在比鄰。
絕不要在岔路口上分手之時，像小兒女那樣悲傷淚濕佩巾。

• 官晶繪圖 •

官晶的這幅繪圖作品，大致按照詩歌的意思呈現，比如「五津」畫了五個渡口，為了強調它，諧音為「五金」，又畫了一個扳手來代表。「天涯若比鄰」，畫了兩個房子在握手，很形象巧妙。路口有一對兒女在哭，表示「無為在歧路，兒女共沾巾」。

二 鎖鏈故事法

在詩文裏經常會有並列的訊息，比如在文章中有並列的修飾詞或名詞，或者是排比式的句子，此時容易遺忘前後的順序，可以用鎖鏈故事法來輔助記憶。

現代詩，戴望舒的《我的記憶》裏的片段：

我的記憶是忠實於我的，

忠實甚於我最好的友人，

它生存在燃着的煙卷上，

它生存在繪着百合花的筆桿上，

它生存在破舊的粉盒上，

它生存在頹垣的木莓上，

它生存在喝了一半的酒瓶上，

在撕碎的往日的詩稿上，

在壓乾的花片上，

在淒暗的燈上，

在平靜的水上，

在一切有靈魂沒有靈魂的東西上，

它在到處生存着，

像我在這世界一樣。

記憶存在於煙卷、筆桿、粉盒、木莓、酒瓶、詩稿、花片、燈、水、有靈魂沒有靈魂的東西上，牢記這些關鍵詞的順序是難點，此時就可以使用鎖鏈法或故事法，用鎖鏈法可以想到：

用點燃的煙卷去燒筆桿上的百合花，筆桿的尖頭正在粉盒上面寫字，粉盒壓在頹垣的木莓上，木莓壓出汁滴進了酒瓶裏，酒瓶的另一端壓着撕碎的詩稿，從詩稿裏飄出一片片壓乾的花片，花片飛到淒暗的燈上，燈光投射在平靜的水面上，水裏有一個幽靈在浮動着。

結合下面的繪圖，你嘗試着記住這首詩吧！

● 官晶繪圖 ●

古文《道德經》裏有大量的排比句，以第 27 章為例：

善行，無轍跡；善言，無瑕讁；善數，不用籌策；善閉，無關楗而不可開；善結，無繩約而不可解。

譯文：

善於行走的，不會留下轍跡；善於言談的，不會出現瑕疵；善於計數的，用不着竹碼子；善於關閉的，不用栓銷而使人不能打開；善於捆縛的，不用繩索而使人不能解開。

通過觀察發現，句式基本上是同樣的，只需要將不一樣的部分記住。可以先用下劃線標出來：善<u>行</u>，無<u>轍跡</u>；善<u>言</u>，無<u>瑕謫</u>；善<u>數</u>，不用<u>籌策</u>；善<u>閉</u>，無<u>關楗</u>而不可開；善<u>結</u>，無<u>繩約</u>而不可解。

「善」我聯想到韓國演員金喜善，「瑕謫」比較抽象，我用了諧音轉化成「霞折」，想像把彩霞折斷。故事如下：

金喜善在逃難中，她行走在路上留下很多足跡，嘴裏嘀咕：「危險！怎麼辦？」她順手把天上的彩霞折斷了，放在手裏細數它們，把它們當籌碼送給看門人，讓他放她進去，進門之後她就把門關閉了，用中國結上的繩子把門繫好，不讓任何人進來。

•官晶繪圖•

通過這個畫面記住了「關鍵詞」，你能否再多看一兩遍，嘗試把原文複述出來呢？

另一種情況，是詩文裏前一句和後一句邏輯聯繫不緊密，我們在背誦時總會忘掉下一句的開頭。我們可以在使用形象記憶法時，通過鎖鏈把上一句最後的形象和下一句開頭的形象建立聯結，回憶的效果就要好很多，但要注意這些聯結並不是詩文的本意。

我以王維的作品《觀獵》為例：

觀獵

風勁角弓鳴，將軍獵渭城。

草枯鷹眼疾，雪盡馬蹄輕。

忽過新豐市，還歸細柳營。

回看射鵰處，千里暮雲平。

譯文：

狂風聲裏，角弓鳴響，將軍狩獵渭城郊外。

秋草枯黃，鷹眼更加銳利；冰雪消融，馬蹄格外輕快。

轉眼已過新豐市，不久又回細柳營。

回頭遠眺射鵰荒野，千里暮雲平展到天邊。

　　我們來看看官晶的這幅繪圖以及她的解說：戴着圍巾的人是作者王維，他瞪大眼睛正在觀看打獵，一陣風吹到了角弓上，角弓發出一些聲響，傳到了將軍的耳朵裏，將軍將箭射到爬着一隻刺蝟的城牆（渭城）上面（風勁角弓鳴，將軍獵渭城）。城牆

• 官晶繪圖 •

上的枯草長到了老鷹的頭上，老鷹眼睛裏飄出很多雪花，雪花沒過了蹺蹺板（表現「馬蹄輕」）上的馬蹄（草枯鷹眼疾，雪盡馬蹄輕）。

蹺蹺板的另一頭，老虎（「忽」的諧音）來到了寫着「豐」字的村莊（新豐市），村子上長着一棵柳樹，柳枝垂到了軍人的營帳上（忽過新豐市，還歸細柳營）。營帳裏走出一位將軍，他回頭看着射鵰的天空，上面有大片大片的雲彩（回看射鵰處，千里暮雲平）。

在記憶這首詩的過程中，官晶創造了一些聯結，比如「草枯鷹眼疾」和「雪盡馬蹄輕」，通過鷹眼裏飄出雪花來彼此聯繫；又如「雪盡馬蹄輕」和「忽過新豐市」，通過將「忽」諧音想成「虎」，使用蹺蹺板來彼此聯繫。在沒有學習記憶法之前，其實我們也會無意識地創造這種聯結；但當你清楚鎖鏈故事記憶法的原理後，你將會運用得更好，在背誦時就很難出現背了上一句想不起下一句的情況了。

三 字頭歌訣法

針對並列類的訊息，除了使用鎖鏈故事法，還可以用字頭歌訣法，特別是比較容易提煉出關鍵字的。

舉一例，《孟子》裏的《生於憂患，死於安樂》：

舜發於畎畝之中，傅說舉於版築之間，膠鬲舉於魚鹽之中，管夷吾舉於士，孫叔敖舉於海，百里奚舉於市。

譯文：

舜從田野耕作之中被起用，傅說從築牆的勞作之中被起用，膠鬲從販魚賣鹽中被起用，管夷吾被從獄官手裏救出來並受到任用，孫叔敖從海濱隱居的地方被起用，百里奚被從奴隸市場裏贖買回來並被起用。

前六句寫的是六位歷史名人，後面分別是他們在哪裏被起用，難點依然在於順序，用第一種方式挑字頭是「舜傅膠管敖百」，「孫叔敖」我挑取了「敖」，和「百」組合諧音成「鰲拜」（中國清初權臣，清朝三代元勳），這句話就諧音為「舜付膠管鰲拜」，想像舜交付出一個膠管，給到鰲拜手裏。

接下來可以分別配對，比如「孫叔敖舉於海」，可以想到孫悟空遨遊大海鬧龍宮；「百里奚舉於市」，由「百」和「市」想到百事可樂，這樣就比較容易記住了。當然此例整體使用字頭或者故事法亦可。

在古文裏，《詩經》重章疊句的手法用得比較多，比較典型的是《蒹葭》，同樣的句式，在不同的地方換字，我們先看看：

蒹葭

蒹葭蒼蒼，白露為霜。所謂伊人，在水一方。
溯洄從之，道阻且長。溯游從之，宛在水中央。
蒹葭萋萋，白露未晞。所謂伊人，在水之湄。
溯洄從之，道阻且躋。溯游從之，宛在水中坻。
蒹葭采采，白露未已。所謂伊人，在水之涘。
溯洄從之，道阻且右。溯游從之，宛在水中沚。

譯文：

河邊蘆葦青蒼蒼，秋深露水結成霜。意中之人在何處？
就在河水那一方。

逆着流水去找她，道路險阻又太長。順着流水去找她，
彷彿在那水中央。

河邊蘆葦密又繁，清晨露水未曾乾。意中之人在何處？
就在河岸那一邊。

逆着流水去找她，道路險阻攀登難。順着流水去找她，
彷彿就在水中灘。

河邊蘆葦密稠稠，早晨露水未全收。意中之人在何處？
就在水邊那一頭。

逆着流水去找她，道路險阻曲難求。順着流水去找她，彷彿就在水中洲。

先觀察一下整體佈局，把不同的部分畫線如下：

蒹葭蒼蒼，白露為霜。所謂伊人，在水一方。
溯洄從之，道阻且長。溯游從之，宛在水中央。

蒹葭萋萋，白露未晞。所謂伊人，在水之湄。
溯洄從之，道阻且躋。溯游從之，宛在水中坻。

蒹葭采采，白露未已。所謂伊人，在水之涘。
溯洄從之，道阻且右。溯游從之，宛在水中沚。

如果換下面這種方式來呈現，你會發現它就是「矩陣模型」，我們在記憶時就可以使用相對應的策略。

第一種方式是「先橫後縱」，先用形象記憶法記憶第一段，此時已經記住了整體的句式，後面的兩段對應記住關鍵詞是甚麼即可。比如「蒹葭」後面的關鍵字，字頭串起來是「蒼萋采」，諧音到「藏起彩（筆）」；「白露」後面的串起來是「霜晞已」，諧音為「霜蜥蜴」；「宛在水中」後面的部分組成「央坻沚」，諧音聯想到央視地址。

	蒹葭	白露	在水	道阻且	宛在水中
第一段	蒼蒼	為霜	一方	長	央
第二段	萋萋	未晞	之湄	躋	坻
第三段	采采	未已	之涘	右	沚

第二種方式，後面也可以採取橫向記憶，分別將關鍵詞串起來，編成故事或者歌訣即可，此處提煉出來的多為一個字，比較適合字頭歌訣法。比如第三段：采已涘右沚，諧音想到：踩蟻噬右趾；踩了一隻螞蟻，被牠吞噬了右腳趾。記住以後，按照第一

句的句式，分別將這些字填到相應的位置即可。

還有一種情況下，我們也可以使用字頭，在背誦古詩時，我們可以分別記住每一句是甚麼，但經常會忘記下一句是甚麼，此時提示一個字，可能你就能夠把後面的都背出來。在使用理解和形象的方式來記憶後，如果在檢測時發現句與句之間連不上，可以用字頭作為回憶的線索，比如柳宗元的《江雪》：

「千山鳥飛絕，萬徑人蹤滅。孤舟蓑笠翁，獨釣寒江雪。」

可以挑選字頭變成：千萬孤獨。

再比如李白的詩《月下獨酌》：

月下獨酌

<u>花間</u>一壺酒，獨酌無相親。
<u>舉</u>杯邀明月，對影成三人。
<u>月</u>既不解飲，影徒隨我身。
<u>暫</u>伴月將影，行樂須及春。
<u>我歌</u>月徘徊，我舞影零亂。
<u>醒</u>時同交歡，醉後各分散。
<u>永結</u>無情遊，相期邈雲漢。

我將挑取的字頭加了下劃線，有些多加了一個字，最終變成五言歌訣：「花間舉月站（暫），我歌星（醒）永結。」想像我在花間舉着月亮站着，正在和一個歌星舉行婚禮，我們永結同心。

因為用字頭主要是作為回憶的線索，如果有些內容很容易接上去，比如背完第一句馬上想到了第二句，那第二句的「舉」字可以不用編進去。另外，你想到了「暫伴月將影」，但是接不上「行樂須及春」，可以把「行」編進去，總之要根據你記憶的檢測情況來靈活處理。

（四） 定椿記憶法

　　定椿記憶法在比較長的古詩和文章裏，可以輔助記憶句與句之間的順序，至於多長的內容放在一個椿子上，根據你對詩文的熟悉程度以及你使用定椿法的水平決定，但有前後聯繫的句子盡量不要分開，比如「舉杯邀明月，對影成三人」可以放在一個椿子上。《道德經》的「善行，無轍跡；善言，無瑕謫；善數，不用籌策；善閉，無關楗而不可開；善結，無繩約而不可解」這一段，我們可以每一小句放一個椿子，也可以用故事法串起來放在一個椿子上。在對內容非常熟悉時，挑取少量的關鍵字詞轉化成形象即可。

　　我舉一個「物品定椿法」的案例，我在 2008 年年初背誦《周易》時，根據卦名來靈活選擇定椿的對象，比如第 46 卦為「升卦」，我由此想到了直升機，2017 年《戰狼 2》躍居中國電影票房榜首，我就拿裏面聯合國的這架直升機來定椿，示範我是如何記憶這一卦的六句爻詞的吧！

　　我在直升機上按順序找到六個部位，如圖所示，依次是機尾斜樑上方、水平尾面、尾樑上方、旋翼、客艙、前輪，這些地方具體叫甚麼名字並不重要，關鍵是要記住其順序和形象。

接下來，一起看看要記憶的內容及譯文。

初六，允升，大吉。

九二，孚乃利用禴，無咎。

九三，升虛邑。

六四，王用亨於岐山，吉，無咎。

六五，貞吉，升階。

上六，冥升，利於不息之貞。

譯文：

初六，宜於上升，大為吉祥。

九二，若心存誠信，即使祭品微薄也能達到祭祀的目的，沒有災禍。

九三，上升順利如處空虛之城邑。

六四，君王來到岐山祭祀神靈和祖宗，吉祥，沒有過錯。

六五，做事吉祥，如沿着階梯步步上升一樣。

上六，在昏暗中上升，有利於永不停息地生長。

《周易》以普遍聯繫的觀點與對立統一的方法，對事物的發展與變化做出吉、凶、悔、吝等判斷，目的是趨吉避凶。在每一卦的每個爻裏，都可能出現這些判斷詞，非常容易混淆；所以我將一些常用的進行編碼，比如「吉」想到吉他，「貞」想到《新白娘子傳奇》裏的白素貞，「亨」想到周潤發飾演的大亨許文強，「無咎」諧音「無救」想到白布。其他內容在想像形象時，會參考譯文，但為精準記憶字詞，適當會使用轉化法則。前面的初六到上六這些數字，知道其卦象圖便很簡單，故下面略去不分享。

1. 機尾斜樑上方——允升，大吉。

聯想：在機尾斜上方，我拿出胸前的出入允許證，撥弄着一個巨大的吉他。

2. 水平尾面——孚乃利用禴，無咎。

聯想：「孚」意為「誠信」，此處聯想到「浮雲」，想像在水平尾面上跪着一個人，摘一朵浮雲來祭祀，他的腰間纏着白布。

3. 尾樑上方——升虛邑。

聯想：「虛邑」意為空城，尾樑上方想像有一座空城，城牆上《天龍八部》裏的虛竹和尚在翻譯下面的英文字。

4. 旋翼——王用亨於岐山，吉，無咎。

聯想：在旋翼的前端有一座奇形怪狀的山，君王帶着大亨許文強來祭祀，許文強居然彈起了吉他，被賜白布在旋翼上面上吊而亡。

5. 客艙——貞吉，升階。

聯想：白素貞彈着吉他，沿着台階上升，走入到客艙裏。

6. 前輪——冥升，利於不息之貞。

聯想：輪子正好是黑色的，可聯想到「冥」，輪子升起來了往前飛，白素貞跟在直升機後面不停息地追着，就像夸父追日一般。

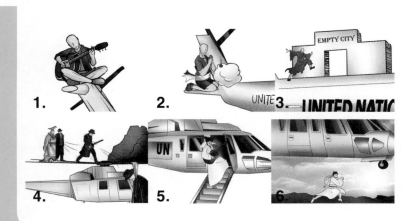

• 楊子悦繪圖 •

　　結合譯文和上面的聯想內容，在腦海中呈現出具體的形象，並且嘗試回憶一下。《周易》被歷代統治者立為群經之首，萬法之宗。孔子在將近五十歲時說：「加我數年，五十以學《易》，可以無大過矣。」在掌握記憶法之後，大家可以嘗試挑戰將《周易》背下，並且在人生的路上邊走邊悟。

08

英語單詞的記憶

記單詞本身不存在科學問題，
能幫助記憶的方法就是最科學的。
—— 新東方創始人　俞敏洪

　　英語單詞曾讓我非常頭疼，大學時每週英語課都要聽寫，我課前都在奮筆疾書，狂抄單詞，但依然會出現聽寫不及格的情況。後來我考六級時，乾脆就不記單詞了，裸考的分數只是勉強過關。直到參加記憶培訓班接觸到單詞記憶法後，我才重新拾起那本嶄新的六級單詞書，花了一週時間將所有單詞背了下來，讓英語專業的朋友都覺得很震驚。

　　我以前畏懼背單詞，主要是因為單詞比較枯燥，很難將拼寫、讀音和意思建立聯繫，記憶量大了後就容易張冠李戴。更重要的是，今天背了明天就忘了，竹籃打水一場空，沒有一點成就感。我甚至想：「我以後就找一份不需要英語的工作吧，不受背單詞這份罪了！」

　　那時候我常用的英語單詞記憶法有這些：音標拼讀法、五多記憶法、詞根詞綴法、諧音記憶法、語境記憶法。

　　如果你現在是英語入門者，需要記住海量單詞，而對於你的記單詞效率不滿意，你可以嘗試學習我介紹的這三種單詞記憶法：組塊故事法、比較記憶法、形近串記法。剛開始學習新的方法，肯定會不習慣，肯定會拖慢速度；所以背單詞的動力非常重要，只有下定決心一定要攻破單詞關，你才能一步步成為「單詞速記王」。

很多人一看到英語單詞，就開始自動進入複讀機和複寫紙模式，比如看到「ambition 野心」這個單詞，就開始拼讀和抄寫：「a-m-b-i-t-i-o-n，ambition」、「a-m-b-i-t-i-o-n，ambition」，接下來帶上意思：「ambition 野心」、「ambition 野心」、「ambition 野心」，他確實是帶着「我必勝」的野心想把單詞記住，然而這種方式很低效，需要重複上百次才可能牢記。

我們回顧一下我們是如何來記複雜的漢字的，比如「贏」，你是不是會想到「亡口月貝凡」？有時候還會用謎語的方式，比如：一個人，他姓王，口袋裝着兩塊糖，這是「金」；「一豎橫折橫折裝，禿寶蓋下有月亮」，這是「骨」。我們並沒有把它們拆成一撇一捺來記憶，而是拆成了熟悉的漢字，記憶量就小了很多。

英語單詞的記憶原理是相通的，俞敏洪老師說：「較好的英文單詞記憶法是拆成兩三個概念，而不是拆成一大堆字母符號。符號是沒有個性的，但拆成概念後，各部分是有個性的。比如 massacre 本來有八個字母，沒有任何個性，但拆成 mass 和 acre 兩個詞時，就挺有個性了。個性與意義結合之後就更加有意思了。」他所謂的「個性」，在記憶心理學裏稱為「組塊」，就是幾個字母組合起來是我們熟悉的東西，我們發現的組塊愈少，記憶就愈輕鬆。

所以組塊故事法的第一步，就是觀察找到熟悉的組塊，每個人找到的可能不一樣，單詞量愈大的人，找到組塊的可能性越大，而且組塊的數量會愈少。

根據我的經驗，組塊一般有以下幾種類型：

❶ 詞根和詞綴

Ambition（野心）可以拆分成三大組塊：amb（前綴：周圍）、it（詞根：走）、ion（後綴：表示狀態、行動），聯合在一起就是「到處走」，古羅馬人為了競選就要到處走動拉票，想拉票的人自然是有野心的政治家。

❷ 熟悉的單詞

合成詞是比較典型的，比如 snowfall（下雪），我們發現它由 snow 和 fall 組成，瞬間就記住了。color-blind（色盲的）、well-meaning（善意的）、good-looking（好看的），也屬這一類型。

還有一種形式，比如 groom（新郎）這個單詞，裏面有 room（房間），smother（使窒息）裏面有 mother（媽媽），hesitate（猶豫）裏面有 he（他）、sit（坐）、ate（吃的過去式），當我們發現這些熟悉的單詞時，記憶也會變得容易很多。

❸ 熟悉的拼音

漢語拼音也可以輔助記憶單詞，比如 tangle（糾紛）可以想到拼音「燙了」，change（改變）可以想到拼音「嫦娥」，gangster（歹徒）裏，把「gang」看成拼音就可以想到「缸」，salute（敬禮）可以拆分成 sa（灑）、lu（路）、te（特）。

❹ 定義的編碼

在單詞裏經常出現的字母組合，我們會將其定義成編碼形象，編碼方式有以下幾種：

1. 利用諧音

有些雖然是詞綴，但仍然比較抽象，比如 tion 和 sion 都表示名詞後綴，可分別諧音定義成「神」和「嬸」的形象。

2. 聯想到相關單詞或形象

比如「gl」可以聯想到 glass（玻璃），「sh」可以聯想到 ship（船），ad 可以聯想到 AD 鈣奶。

3. 利用漢語拼音

有些本身就是完整的拼音，比如 cu（醋）；另一種是拼音的聲母組合，比如 pr 可以全拼為 puren（僕人），fr 可以全拼為 furong（芙蓉）。

4. 形象化

比如 oo 像「眼鏡」，這種相對少一些。

　　這是我總結的部分編碼，你可以先借用。在練習過程中需要創造新的組合，可以先臨時進行編碼，如果發現這個組合經常出現，再將「臨時工」升級為「正式工」，以後看到這個組合就可以將其作為組塊。

記憶魔法師字母組合編碼表（詞首篇）			
組合	編碼	組合	編碼
ab	阿爸（拼音）	em	鵝毛（拼音）
ap	阿婆（拼音）	fr	芙蓉（拼音）
ad	AD 鈣奶（聯想）	fl	俘虜（拼音）
al	ali 拳王阿里（拼音）	gr	工人（拼音）
ar	矮人（拼音）	gl	glass 玻璃
au	Australia 澳洲	ph	phone 電話
br	brain 大腦	pro	（東）坡肉（諧音）
co	Coca cola 可口可樂	pr	僕人（拼音）
con	恐龍（諧音）	ex	exam 考試
com	computer 電腦	sh	書（拼音）
cl	clean 清理	st	stone 石頭
dr	敵人（拼音）	th	thief 小偷
en	白求恩（拼音）	un	UN 聯合國

注：沒有標注的都是單詞。

記憶魔法師字母組合編碼表（詞中詞尾篇）			
組合	編碼	組合	編碼
cive	師傅	tory	toy 玩具
nant	榔頭	tent	帳篷（單詞）
ous	肉絲	ment	門童
duce	堵車	dent	燈塔
tive	鐵壺	sion	嬸
vene	維尼熊	tion	神

注：沒有標注的均為普通話諧音。

以單詞 prospective（預期的）為例，裏面可以看到編碼 pro（東坡肉）和 tive（鐵壺）。remnant（殘留部分）這個單詞可以看到 nant（榔頭）。熟悉的常用組合編碼愈多，記憶單詞就愈容易。

當然，英語單詞不一定能夠全部拆成組塊，也會有一些落單的字母，為了方便編故事記憶，我們將每個字母也進行了編碼，編碼通過音、形、義等方式，下面提供了一組供你參考。

記憶魔法師字母編碼表			
字母	編碼	字母	編碼
Aa	Apple 蘋果	Nn	門（形狀）
Bb	筆（拼音）	Oo	雞蛋（形狀）
Cc	月亮（形狀）	Pp	皮鞋（拼音）
Dd	弟弟（拼音）	Qq	氣球（形狀）
Ee	鵝（拼音）	Rr	小草（形狀）
Ff	斧頭（拼音）	Ss	蛇（形狀）
Gg	鴿子（拼音）	Tt	傘（形狀）
Hh	椅子（形狀）	Uu	水杯（形狀）
Ii	蠟燭（形狀）	Vv	漏斗（形狀）
Jj	鈎子（形狀）	Ww	皇冠（形狀）
Kk	機槍（形狀）	Xx	剪刀（形狀）
Ll	棍子（形狀）	Yy	衣架（形狀）
Mm	麥當勞（形狀）	Zz	閃電（形狀）

比如單詞 spark（火花），可以找到熟詞 park（公園），此時落單的 s 就可以變成編碼「蛇」；比如 pearl（珍珠），可以找到熟詞 pear（梨子），再加上 l（棍子）。

使用組塊故事法的步驟如下：

第一步：觀察發現單詞裏面的組塊，盡量將單詞拆分成最少的組塊。按照詞根詞綴、單詞和拼音、字母組合、孤立字母這樣的優先順序來拆分。

如果有些能夠用詞綴的意思來邏輯聯想，就不需要刻意使用編碼，比如 compose（構成），很容易想到 com 是前綴「共同」，pose 是詞根「擺放」，共同擺放就是在構成新的佈局。但 comma（逗號）這個單詞裏，com 就不是前綴，所以用編碼「電腦」，ma 可以想到拼音「馬」，這樣拆分就只有兩個組塊。

第二步：將拆分的組塊和單詞的意思，一起編成一個故事。故事要求簡潔、形象，在腦海中要浮現出畫面，並且盡量按照組塊的順序來編，注意故事的前後邏輯要合理。

第三步：嘗試回憶故事並拼寫出單詞，並說出單詞的意思。

我舉三個單詞為例：

1. expand 擴張

如果熟悉詞根詞綴，可以知道 ex 是表示「往外」的前綴，「pand」這個詞根的意思是「膨脹」，向外面膨脹當然就是「擴張」的意思。不認識詞根詞綴也沒關係，ex 可以想到單詞 exam（考試），pand 長得很像 panda（熊貓），故事是：**在比武考試的現場，熊貓步步為營，擴張自己的地盤。**

● 官晶繪圖 ●

2. contact 聯繫

con 是表示「共同」的前綴，tact 這個詞根表示「接觸」，共同接觸也就是「聯繫」的意思。如果不清楚詞根詞綴，con 的編碼是「恐龍」，ta 通過拼音想成「吉他」，ct 我一般會想到 CCTV，我的故事是：恐龍會彈吉他，記者聯繫牠邀請牠上 CCTV 現場直播。

• 官晶繪圖 •

3. digest 消化

dig 是「挖掘」的意思，est 在這裏不是表示「最高級」，但可以借用這個意思，聯想到對知識挖掘得最深的人，也最容易消化。另一種是拆成三個組塊：di（弟弟）、ge（割）、st（石頭），故事可以想成：弟弟割了一塊石頭吃下去了，石頭在肚子裏不消化，他好難受。

• 官晶繪圖 •

因為組塊拆分每個人都不同，所以為了方便練習，我提供五個已經拆分好的組塊，請你嘗試編故事來記憶。

單詞訓練 1：

1. cherish 珍視

拆分：che 車（拼音）+ri 日——太陽 +sh 書（編碼）

故事：＿＿＿＿＿＿＿＿＿＿＿＿＿＿＿＿＿＿＿＿

2. sketch 素描

拆分：sk 思考者（拼音）+et 外星人（電影《E.T. 外星人》）+ch 尺子（編碼）

故事：＿＿＿＿＿＿＿＿＿＿＿＿＿＿＿＿＿＿＿＿

3. spanish 西班牙的

拆分：spa 水療 +ni 泥巴 +sh 書（編碼）

故事：＿＿＿＿＿＿＿＿＿＿＿＿＿＿＿＿＿＿＿＿

4. dominant 佔優勢的

拆分：do 做 +min 器皿（拼音）+ant 螞蟻

故事：＿＿＿＿＿＿＿＿＿＿＿＿＿＿＿＿＿＿＿＿

5. glimpse 瞥見

拆分：gli 溝裏（諧音）+mp 麻婆豆腐（拼音）+se 色——彩色筆（拼音）

故事：＿＿＿＿＿＿＿＿＿＿＿＿＿＿＿＿＿＿＿＿

測試時間：

漢譯英				
意思 佔優勢的	珍視	瞥見	西班牙的	素描
單詞				

英譯漢				
單詞 glimpse	dominant	cherish	sketch	spanish
意思				

單詞訓練 2：

1. compare 比喻

拆分：＿＿＿＿＿＿＿＿＿＿＿＿＿＿＿＿＿＿＿＿＿＿＿

故事：＿＿＿＿＿＿＿＿＿＿＿＿＿＿＿＿＿＿＿＿＿＿＿

2. decline 下降

拆分：＿＿＿＿＿＿＿＿＿＿＿＿＿＿＿＿＿＿＿＿＿＿＿

故事：＿＿＿＿＿＿＿＿＿＿＿＿＿＿＿＿＿＿＿＿＿＿＿

3. foster 收養

拆分：＿＿＿＿＿＿＿＿＿＿＿＿＿＿＿＿＿＿＿＿＿＿＿

故事：＿＿＿＿＿＿＿＿＿＿＿＿＿＿＿＿＿＿＿＿＿＿＿

4. lament 哀悼

拆分：＿＿＿＿＿＿＿＿＿＿＿＿＿＿＿＿＿＿＿＿＿＿＿

故事：＿＿＿＿＿＿＿＿＿＿＿＿＿＿＿＿＿＿＿＿＿＿＿

5. potent 強有力的

拆分：＿＿＿＿＿＿＿＿＿＿＿＿＿＿＿＿＿＿＿＿＿＿＿

故事：＿＿＿＿＿＿＿＿＿＿＿＿＿＿＿＿＿＿＿＿＿＿＿

測試時間：

漢譯英				
意思	哀悼	收養	下降	比喻	強有力的
單詞					

英譯漢				
單詞	compare	potent	foster	decline	lament
意思					

二 比較記憶法

對漢語裏相類似的字，我們一般會進行比較記憶，比如：

「兵」對「丘」說：看看戰爭有多殘酷，兩條腿都炸飛了。

「冤」對「兔」說：我總算找到一個窩。

記憶英語單詞也可以借鑑，我們能夠比較兄弟單詞的異同，就可以通過熟悉的來記憶不熟悉的，也可以通過比較來區分易混淆的。

1 比較熟詞記憶新詞

一般情況下，一旦認出要記的單詞和哪個單詞比較相近，是增減了字母還是替換了字母，就比較容易記住了，如果再刻意聯想一下，印象就會更深刻。

比如 policy（政策、方針）這個詞，它長得和 police（警察）很像，不相同的是最後的 e 變成了 y，y 的編碼是彈弓，將新單詞不一樣的部分、新單詞的意思、舊單詞的意思聯想成這樣的故事：警察拿着彈弓（y）來落實政策方針，打那些非法佔道的鵝（e）的屁股。一般情況下，我們比較容易分辨哪個字母換了，熟

悉單詞裏的那個字母也可以不用編進去。如果不加入 e，故事就如下圖：警察拿着彈弓在街上落實政策方針，誰違反了就打誰的屁股。

• 官晶繪圖 •

　　greet（招呼）這個單詞，容易讓人想到 great（偉大的），一個是 et（外星人）結尾，一個是 at 結尾，可以聯想成：**一個偉大的（想像很巨大而且閃着光的）外星人正在和你招手打招呼。**這裏兩個單詞不一樣的雖然只有一個字母，但單個字母不容易確定位置，把前後的字母也組合在一起進行區分，會更容易一些。

　　下面的五個單詞，已經幫你找出了相近的單詞，請你聯想故事來記憶。

單詞訓練 3：

1. charge 指控

比較：change 改變

聯想：＿＿＿＿＿＿＿＿＿＿＿＿＿＿＿＿＿＿＿＿＿＿

2. stuff 原料

比較：staff 全體職員

聯想：_____

3. flour 麵粉

比較：floor 地板

聯想：_____

4. prey 被捕食之物

比較：pray 祈禱

聯想：_____

5. bondage 奴役

比較：bandage 繃帶

聯想：_____

測試時間：

漢譯英					
意思	麵粉	奴役	被捕食之物	指控	原料
單詞					
英譯漢					
單詞	bondage	flour	stuff	charge	prey
意思					

記憶魔法學徒分享　國際記憶大師王雪冰

1. charge 指控　change 改變

聯想：路人經常隨意踩草（r），被警察指控後，他改變了，不敢再碰草地一步。

2. stuff 原料　staff 全體職員

聯想：全體職員將蘋果（a）放在水杯（u）中，作為泡茶的原料。

3. flour 麵粉　floor 地板

聯想：我們（our）家的地板上撒滿了麵粉。

4. prey 被捕食之物　pray 祈禱

聯想：神父在祈禱那隻鵝（e）不要變成被捕食之物。

5. bondage 奴役　bandage 繃帶

聯想：將軍將奴役用繃帶綁在桌子上面（on）。

❷ 比較差異區分單詞

　　有時候，兩個單詞都分別記過，但是容易混淆，我們也可以將其放在一起，將不一樣的部分圈出來，分別和意思進行配對聯想來區分。一般來說，逆序的單詞書容易將相近的放在一起比較。俞敏洪老師曾講過：「愈是相似的東西，愈是要放到一起辨認，分開後有了距離就顯不出差別了。我最愛舉一個例子：flagrant 和 fragrant，前一個是『臭名昭著的』，後一個是『芬芳的』。這兩個詞就差一個字母，前一個是 l，後一個是 r。學生常常搞錯。我就告訴學生，把 r 想成一朵鮮花，把 l 想像成掏大糞的長棍子。」

我常舉的例子如下:

1. altitude 高度　attitude 態度

這兩個單詞僅一個字母之差,「高度」是 l,這個字母還算有高度吧;「態度」是 t,態度的「態」正好聲母是 t,這樣就容易區分了。

2. adopt 收養、採納　adapt 使適應、改編

這兩個單詞也讓不少人糾結過,我們看看這個 o,會想到 OK,想像你收養孤兒的方案被採納了,別人做出了 OK 的手勢。其實把一個想清楚了,另一個就自然清楚了。如果你記不住這個 a,也可以想想,「改編」的「改」拼音裏不是包含着 a 嗎?

3. infect 傳染,感染　affect 打動,震動;影響

前面兩個字母不一樣,in 的意思是「在裏面」,可以想像在封閉的空間裏面容易被傳染疾病;af 可以拼音想到「愛妃」,愛妃打動了皇帝,在宮裏的影響力很大。

4. intension 強度、緊張、專心致志　intention 意圖、打算、意義

這個我們用字母組合編碼來區分,sion 想到嬸嬸,嬸嬸每天高強度地專心致志練習廣場舞,但一到比賽還是緊張得發抖。tion 想到神仙,比如想到財神,他正對着一張圖紙打算盤,算出賬來有 1 億(意義)。

❸ 比較記憶雙胞胎詞

如果兩個單詞我們都不太熟悉,我們可以先用組塊故事法記住其中一個,然後再比較記憶不同的部分。

1. allusion 暗示　illusion 幻覺

allusion,可以拆分成 all(所有)、u(水杯)、sion(嬸),想像所有拿起水杯喝水的嬸嬸,都是因為被催眠師施以暗示:「喝水,喝水!」

illusion 不一樣的部分是前面的 ill（生病），想想這些嬸嬸喝水之後生病了，腦海中浮現出未來美好生活的幻覺。

2. precede 領先　proceed 進行

這兩個單詞有兩處不一樣，前綴分別是 pre 和 pro，最後兩個字母分別是 de 和 ed，我們先看看第二個 proceed，可以拆分成 pro（東坡肉——蘇東坡）、ce（廁所）、ed（聯想到 education 教育），蘇東坡在廁所裏教育孩子，太臭了，實在進行不下去了。再結合第一個單詞，想到兒（e）領先蘇東坡一步就跑出去了，截的（de）士逃走了。

單詞訓練 4：

請根據自己對單詞的熟悉程度，來決定你要採取的記憶方式，並且將你的分享寫下來，最後再進行記憶測試。

1. chore 家務　chord 和絃

_____

2. patent 專利　potent 強有力的

_____

3. stationery 文具　stationary 固定的

_____

4. ascent 上升　accent 口音

_____

5. expand 擴張　expend 花費

_____

記憶魔法學徒分享　國際記憶大師王雪冰

1. chore 家務　chord 和絃

cho 可以聯想到愁（chou），聯想到歌星吳莫愁，吳莫愁在大熱（re）天裏做家務，扔掉（rd）了很多和絃譜。

2. patent 專利　potent 有力的

我用手帕（pa）做的帳篷（tent）申請了專利，但有力的大力士一撕就破（po）了一個洞。

3. stationery 文具　stationary 固定的

在車站（station）裏兒子（er）給我送文具，都用固定的膠帶纏好了，要送給七個小矮人（ar）。

4. ascent 上升　accent 口音

accent 比較熟悉，如果用組塊故事法可以這麼記：AC 米蘭球隊成員把一分硬幣（cent）含在嘴裏練口音。記住口音之後，比較記憶 ascent，as 可以聯想到 ass 屁股，做瑜伽時，把屁股上升，說話的口音就會變化。

5. expand 擴張　expend 花費

expand 前面已經記過了，想像一個老闆在擴張自己的分店，但花費已經讓他負債纍纍，這種行為必須終止（end）。

測試時間：

漢譯英				
意思	強有力的	上升	家務	花費	固定的
單詞					

英譯漢				
單詞	expand	stationery	accent	chore	patent
意思					

三 形近串記法

1 歌訣串記

漢字裏有形聲字，容易混淆，此時我們會用歌訣來輔助記憶，常見的歌訣有兩種類型。

第一類：結合意思和情境編歌訣。比如：「為了健康多鍛煉，藍藍愛踢雞毛毽，敲打鍵盤學打字，再畫犍牛拴庭院。」此處串記了健、毽、鍵、犍這四個字。「跑到家中臉緋紅，喝杯咖啡樂融融，接聽電話人徘徊，排隊獻血是英雄。」輔助記憶了緋、啡、徘、排這四個字。

用在英文單詞的記憶上，類似的案例有：「潮汐（tide）、邊緣（side）、廣（wide）、騎馬（ride）、皮革（hide）、藏（hide）」，都是以 ide 結尾的單詞；「溫和的（mild）、野蠻的（wild），都是前生修（build）來的」，都是以 ild 結尾的單詞。介紹這種方式比較出名的書是《黑英語》，比如：

有一個 year（年），天空很 clear（晴朗）

下有個 bear（狗熊），被割掉 ear（耳朵）

氣跑了 dear（愛人），想起了 swear（誓言）

流出了 tear（眼淚），把眼鏡 wear（戴上）

啃一個 pear（梨），心裏很 fear（害怕）

老虎在 near（附近），可能會 hear（聽見）

馬上就 appear（出現），趕快找 spear（矛）

第二類：結合字形的不同來編歌訣。比如，為了區分「清、請、睛、情、倩、晴、蜻、精」，編成歌訣：

有水方說清，有言去邀請，

有目是眼睛，有心情意濃，

麗人留倩影，日出天氣晴，

有蟲是蜻蜓，有米人精神。

漢字裏是將偏旁部首獨立出來編進去，同時也融入了情境；英語單詞主要是將不同的字母形象化，和意思一起編入歌訣。英語單詞專家趙麗老師有一個口訣：

gull *海鷗*：前邊唱歌（g）的是海鷗

hull *硬殼*：海鷗喝（h）水用硬殼

lull *安靜*：拉（l）住海鷗快安靜

mull *思考*：飛到山（m）後去思考

bull *公牛*：海鷗不（b）同意變公牛

dull *遲鈍*：打（d）它一下變遲鈍

cull *挑選*：只好重（c）新去挑選

❷ 故事串記

除了編歌訣的方式外，也可以編一個故事，以 dle 結尾的單詞為例：

handle 使用

candle 蠟燭

needle 針

noodle 麵條

這四個詞後面的部分都相同，只需要區別對待前面的部分，「handle」可以提取「hand（手）」，「candle」是「can（罐頭）」，「needle」提取的是「need（需要）」，「noodle」提取「no（不）」。

串燒的故事是：我的雙手（hand）使用很靈活，在罐頭（can）上面點上了蠟燭，我需要（need）用它來燒紅針，然後把麵條劃開，吃客直搖頭：「No！」

單詞訓練 5：

bend 彎曲

fend 保護

rend 撕碎

tend 照料

vend 販賣

wend 行走

記憶魔法師教你超實用學習記憶法

神筆馬良用力掰彎了他的筆（b），在紙上畫了一把斧頭（f）來保護自己，他拿着斧頭砍了一根草（r），然後用手撕碎，盛在倒放的傘（t）裏去照料奶牛，餵牠吃草，奶牛產奶後，他用漏斗（v）接下牛奶拿去販賣，用得到的錢買了一頂皇冠（w）戴在頭上行走，招搖過市。

❸ 階梯串記

還有另一種特殊的方式，叫「階梯式加碼串記」，是指在一個單詞的基礎上，加上一兩個字母變成新的單詞，然後再加一兩個字母又變成新的單詞，這樣像階梯一樣不斷加碼。比如：

ape 類人猿—rape 搶劫—crape 黑紗—scrape 刮

這幾個單詞都在前一個字母的基礎上增加了一個字母，這些字母分別轉化成形象 r（鐮刀）、c（月亮）、s（絲巾）。我的故事是：類人猿（ape）拿着鐮刀（r）去搶劫在月亮（c）下戴着黑紗的女人，刮破了她身上的絲巾（s）。

單詞訓練 6：

our 我們

sour 酸的、壞脾氣的

scour 擦亮、急速穿過

scourge 鞭打、懲罰

記憶魔法學徒分享 **國際記憶大師雍丹妮**

串燒故事：

我們（our）全班同學養了一條蛇（s），餵牠吃酸梅時，牠脾氣很壞地咬了我們，然後急速穿過教室，把地上擦得亮亮的。師哥（ge）發現蛇逃跑了，鞭打我們作為懲罰。

四 單詞記憶綜合舉例

綜合前面的幾種方法，我再拿一些單詞作為案例，看看在遇到新單詞時的思路。模仿是學習的開始，嘗試着把這 20 個單詞記住，然後就開始你的自我挑戰之旅吧，至少要用記憶法記憶 1000 個單詞，你才能算真正入門了，加油吧！

1. grotesque 荒唐的

思路：gro 可以聯想到 group（小組），tes 與 test（測試）比較相近，que 的拼音是「雀」，「荒唐」聯想到黃色的池塘，想像一個小組的成員在測試麻雀能否在黃色的池塘裏游泳，老師怒吼：「真是荒唐！」

2. harassment 騷擾

思路：har 聯想到 Harry Potter，即哈利·波特，ass 是驢、屁股的意思，ment 是名詞後綴，表示行為或結果，如果不熟悉也可以用編碼「門童」，編成故事是：哈利·波特經過賓館的大門時，他的屁股被門童摸了一下，哈利·波特告他性騷擾。

3. illuminate 照亮

思路：詞綴詞根分別是：il（在內）+lumin（光）+ate（表動詞：做，造成），如果不清楚，可以這樣組塊：ill（生病）

+umin（拼音想到「漁民」）+ate（「吃」的過去式），想像生病躺在黑暗的小屋裏的漁民，開燈照亮了小屋，生吃了一塊三文魚。

4. indulge 縱容、使（自己）沉溺於

思路：可以很快發現組塊 in（在……之內）和 ge（拼音：哥），dul 可以聯想到單詞 dull（遲鈍的、鈍的），也可以拼音想到「賭了」，聯想到在賭場之內，賭博賭了一年的哥哥沉溺於此，無法自拔。

5. leaflet 傳單、小葉

思路：leaf 這個單詞是葉子的意思，let 如果表示後綴，代表「小」，所以 leaflet 很容易理解，想像在小葉子上面印着傳單。由 let 這個後綴，我們還可以串記很多單詞：booklet 小冊子、houselet 小房子、starlet 小星星、townlet 小鎮、piglet 小豬，這樣一把抓的感覺是不是很爽？

6. masculine 男性的

思路：這個單詞的前後綴我比較陌生，但容易發現組塊：line（線）和 cu（醋），mas 聯想到 master（主人、大師、碩士），世界記憶大師的英文就是 Grand Master of Memory，我想到我自己是男性的記憶大師，我手拿着醋往地上傾倒，在地上畫出來一條直線。

7. patriot 愛國者

思路：pat 是輕拍的意思，ri 可以想到日記本，ot 是表示人的名詞後綴，也可以是 over time 的縮寫，表示籃球比賽的加時賽或者工作裏的加班，可作為問候語：「今天你 OT 了嗎？」愛國者可以想到手拿國旗的人，在籃球比賽現場輕輕拍打日記本，在加時賽時為中國選手加油助威。

延伸記憶：patriotic 有愛國心的、unpatriotic 無愛國心的、patriotism 愛國主義。

8. repression 壓制、壓抑

思路：這個單詞主要使用詞根詞綴法，詞根是 press（擠壓），前綴 re 表示強調，ion 是表示「狀態、結果」的名詞後綴。

延伸記憶：動詞形式是 repress，形容詞形式是 repressive，同詞根詞有：oppress，壓迫、壓制某人；depress，降低、使……沮喪；suppress，鎮壓、禁止；express，擠壓出、表達、快遞。

9. resemblance 相似、形似

思路：第一眼看到 blance，想到 balance（平衡），少了一個 a（編碼：蘋果），sem 可以通過拼音想到是「色盲」，re 聯想到拼音「熱」，聯想：大熱天的太陽下面，色盲中暑失去平衡倒在地上，把一個蘋果壓在了身下。

10. shepherd 牧羊人、帶領

思路：shep 與 sheep（羊）接近，herd 是放牧、牧人的意思，所以比較容易理解。herd 類似於 head（頭），牧羊人也就是羊的頭兒。另一種方式，發現裏面有 she、her，剩下 p（皮鞋）、d（弟弟），想像她把自己的皮鞋送給她的弟弟，讓他穿上後去當牧羊人，帶領羊群去市集上賣錢。

11. sponge 海綿、用濕海綿擦

思路：可以組塊成 sp（拼音：水瓶）+on（在……之上）+ge（哥哥），想像在水瓶的上面有很多污點，哥哥正在用濕海綿擦拭。另外也可以諧音想到「四磅雞」，這個單詞的延伸義是白吃、蹭飯，想像你蹭了別人一頓飯，吃了四磅重的一隻雞。

12 yacht 快艇

思路：這個單詞可以組塊成：ya（鴨）+ch（池）+t（踢），聯想到一隻鴨子在池子裏一腳踢翻了快艇。此處 t 也可以想到編碼「傘」，但是這裏靈活轉化成「踢」，編故事會更容易些。

五　詞組的記憶秘訣

在網絡上搜索「英語詞組記憶」，很少能夠搜到滿意的答案，詞組和短語的組成類型比較多，在提問裏，學生的苦惱主要有兩點，看看下面的提問：

1. 好多易混淆的詞組應該怎麼記憶？比如 take over、take to、take up；bring down、bring out；put down、put over……每個動詞組成的詞組太多了，而且都比較相似，我都記暈了，怎麼辦啊？

2. 一個英語詞組有時候有好多個意思，有些意思和其他詞組還是重疊的，死記硬背下來之後，考試時只是似曾相識，就是想不起來意思，怎麼解決呢？

第一個問題的關鍵是一個單詞可以加很多個介詞或副詞，有些我們可以通過它的意思疊加推斷出來，比如 put aside，put 是「放」，「aside」是旁邊，所以這個詞組的意思是「將……放置一旁」，然而大部分詞組沒你想的那麼簡單，1+1 ≠ 2，所以我們需要通過聯想來輔助記憶。以 give 為例，下面僅列出部分常用詞意：

give away	贈送、頒發
give in	屈服、讓步
give up	放棄
give off	釋放、放出
give out	分發、耗盡

第一種方式：情景理解記憶。可以結合詞組後面接的對象或者詞組的例句來進行理解記憶。例如：give away the money to charity（把金錢捐給了慈善事業），give away the prize（頒發獎品），因為 away 表示「去別處」、「離開」，不管是捐錢還是

頒獎，這些東西都是離開你的手裏到了別處。

「give out」表示「分發」。The teacher gave out the examination papers（老師分發完試卷）。out 也有「向外」、「離開」的意思，所以也比較好理解，老師就是把試卷向外發給學生。此處還需要理解 give away 一般表示一對一的發送，give out 表示一對多的發送，結合頒獎和發試卷也可以區分開來。

第二種方式：介詞形象編碼。對於比較難以通過介詞的意思來區分的單詞，我們也可以對介詞進行形象編碼，一般可以藉助諧音以及意義，比如 in（老鷹）、on（不倒翁）、off（臥佛）、away（二維碼）、out（奧特曼）、up（上鋪）等，然後再通過故事聯想來區分記憶。

比如：give out 和 give off 都有「放出」的意思，前者主要是放出氣味，後者還可以放出光線、熱量等，後一個可以想成是臥佛身上閃着金光，散放出大量的熱量。

第二個問題的關鍵是一詞多義，一般而言，有些意思之間互相引申，可以通過理解來記憶。比如 give in 有「屈服、投降、讓步、上交」等意思，give 本身就有「讓步」的意思，in 的基本意思是「在……裏面」，在比武中「讓步」就是「屈服」於別人，在戰爭中「讓步」就是「投降」，把東西放回到公家的倉庫就是「上交」。

再看看詞組 take in，在《21 世紀大英漢詞典》裏，它有 17 條意思，我們並不是每一條都要記住，把常用的記住即可。

（1）讓……進入；接納，接受；吸收。例：Our club plan to take in 20 new members. 我們俱樂部計劃吸收 20 名新會員。

（2）接待；留宿；收留；收進。例：to take in the homeless，收留無家可歸的人。

（3）把……領入；陪同或挽引（女賓）由客廳進入餐廳：

He took Mary in to dinner. 他陪着瑪麗進入餐廳用餐。

（4）拘留，把……帶至警察局拘留起來：The police took him in for attempted murder. 警方因他殺人未遂而將其拘留。

（5）領（活計）到家裏做：She took in sewing and washing to earn a little. 她接縫洗活兒在家裏做，來賺一點錢。

（6）收入，進賬：Our shop takes in twice as much money every day as it used to. 我們商店每天的收入是過去的兩倍。

（7）領會，理解：The students couldn't take in the lecture. 學生們聽不懂這個講座。

這七個意思彼此之間很相關，讓別人進入組織就是「接納」，讓別人留在家裏面就是「收留」，讓別人在警察局裏就是「拘留」，把錢拿進你的錢包裏就是「收入」，把知識拿到你的腦袋裏，就是「理解」，結合語境想一想，就比較容易將不同的意思理解記憶下來。

如果一個詞組的不同意思差距很大，我們也可以用故事記憶法，將這些意思編成一個故事串記起來。take in 還有以下意思：

（8）縮短；改小（衣服）；改短：The waist of her skirt needs to be taken in a little. 她的裙子的腰要稍微改窄一點。

（9）訂閱（報紙、雜誌等）：My brother takes in China Daily. 我兄弟訂閱《中國日報》。

（10）把……排入旅程，參觀，遊覽；觀看（戲劇、電影等）；出席：They will take in the sights of the city tomorrow. 他們明天將要遊覽這個城市的名勝。

（11）欺騙，哄騙；使上當：He took the girl in with his story. 他用一套謊言矇騙了那個女孩。

　　我將 take in 想像成手裏提着一隻鷹（in）的女孩，她將自己的裙子改得太短了，為了防止走光，她用訂閱的報紙包裹着腿，就這樣跑到電影院去看電影；但她沒有買到票，一個黃牛黨哄騙她買了一張高價假票，她進不去，大呼上當！

　　回憶一下，這些意思都記住了嗎？學會了記憶魔法，再多的意思都不怕！接下來，你就拿你遇到的詞組來練練手吧，祝你成為英語單詞記憶的高手！

09

提 升 智 力 的 術

腦 力 倍 速

你的大腦有着複雜和完美的構造，
還有巨大的智能和情感能量。

—— 托尼·博贊（世界大腦先生）

我們是自己大腦的主人,我們完全可以開發出大腦的潛能,讓它以更高效的方式運轉,讓我們的人生變得更加美好。下面我將分享七個讓腦力倍增的方法,作為你的記憶魔法高階技法,抓緊時間修煉起來吧!

一 正念冥想的力量

何為正念?一行禪師在《正念的奇蹟》裏說:「專注工作,保持警覺和清醒,準備好應對任何可能發生的狀況,隨機應變,這就是正念。正念可以瞬間召回我們渙散的心,使它恢復完整,這樣,我們就可以過好生命中的每一分鐘。」正念的核心就是集中注意力,活在當下。通過冥想這種形式,我們可以更專注於我們的呼吸、身體的感覺、我們的情緒以及我們意識中很強烈的各種東西。

關於冥想對於大腦的作用,瑜伽大師拉瑪在《冥想》一書裏提出:「無論是在大腦的有意識層面還是無意識層面,冥想者都是一個內在的探險者和觀察者。冥想探索內在,提升自己的內在智慧用以抵抗外部世界。冥想能幫助我們理解意念的所有功能:記憶、專注、情緒、推理、直覺。練習者會開始懂得如何協調、平衡和提高這些能力,並將自己的潛力發揮到極限。」

我在此分享最為基礎的呼吸冥想。冥想前我們需要找一個安靜的地方，在一張舒適的椅子上坐下，接下來我們按照下面的步驟來：

1. 保持我們脊椎的直立，雙手輕輕放在大腿上面，雙腳着地平放在地上，然後輕輕地閉上眼睛。

2. 放鬆你的身體，保持感官的敏銳，此時可以聽聽周圍的聲音，去感受它們的方向、音調、聲色、節奏等，感受一下你的身體與椅子接觸的感覺，以及手放在大腿上的感覺。

3. 現在專注於你的呼吸，吸氣時用鼻子吸氣，感受腹部的鼓起，吐氣時用嘴巴吐氣，感受腹部癟下去，呼吸時也可以數數，比如吸氣 1 —— 2 —— 3，吐氣 1 —— 2 —— 3，隨着練習的熟練，你也可以加長呼和吸的時間。

4. 在呼吸的時候如果走神，只需要覺察到自己走神了，然後輕輕地把思維帶回到呼吸上來。接下來，深呼吸 20 次左右之後，我們進入正常的呼吸。

5. 大約 5 分鐘之後，你可以慢慢睜開雙眼，輕輕活動你的身體，重新觀察這個世界。

這是非常簡單的入門訓練，剛開始每天只需要幾分鐘，慢慢適應之後，你可以延長時間直到幾十分鐘。

正念冥想還可以在喝水、吃飯、行走、洗澡、洗衣服等各種活動中融入，我在讀大一時就曾體驗過正念洗衣服，洗的時候注意自己雙手的每一個動作，傾聽着水嘩嘩流動的聲音，觀察每一個泡泡的形狀和顏色，注意你在揉搓時的心理感受。在當下的那一刻，彷彿只有洗衣服這件事情，而沒有任何計劃和回憶，也不塞上耳機聽音樂。當注意力分散時，只需要保持微笑和呼吸就好。

我在課堂上還帶大家體驗正念進食，在吃一顆紅棗時，不是像豬八戒吃人參果那樣，而是先觀察它的紋理，用手輕觸它的表

皮，放在鼻子前聞一聞，接下來咬上一小口，放慢速度慢慢地咀嚼，仔細體會香味的細微變化。很多學生反饋，他第一次這麼用心地吃東西，居然吃出了很多不同的味道，甚至有些過去討厭吃棗的同學，居然說自己愛上了棗，找我再討要幾顆來品嚐。

現代人過於追求效率，和時間賽跑，每天瞎忙乎，導致注意力渙散、記憶力衰退以及創造力低下，一行禪師說：「正念把我們從無知無覺、心念散亂中解脫出來，讓我們充分地活好生命裏的每一分鐘。正念讓我們真正地活着。」當我們真正在當下時，大腦才會發揮出真正的潛能來！

當你養成了冥想的習慣後，你可以隨時隨地做冥想，包括在重要的考試或比賽前做冥想，以及在其他你覺得非常重要的場合前，比如約會、談判、面試、演講等，冥想絕對會讓你的表現加分。

二 大腦保健操

對於每天高速運轉的大腦，我們要學會用適當的方式來保養。大腦保健操可以幫助我們紓緩壓力，放鬆大腦，加速血液循環，讓大腦恢復活力。在我們學習或工作一段時間後，可以抽出幾分鐘時間來做一做。我介紹三種我常用的大腦保健操給大家。

一、大腦按摩

通過按摩特定的大腦穴位，達到提神醒腦、集中注意力、提升記憶力的效果。我常按的穴位有以下三個，大家可以參考示範圖片來練習。

（一）**太陽穴**。太陽穴出現脹痛的感覺，就是大腦疲勞的信號，以拇指指肚分別按在兩邊的太陽穴上，稍用力使太陽穴微感壓力，然後順逆時針各轉 20 次。

（二）**百會穴**。百會穴位置在頭頂的正中間，也就是兩隻耳朵耳尖連線的交點，按摩它能夠治療頭痛、頭暈、腦貧血等，可以用拇指的指腹按壓它 5 秒，然後突然加壓後移開，這樣連續按壓 5 至 10 次。

（三）**風池穴**。風池穴是一個祛風散寒、疏解頭部經絡、治療頭暈頭痛的要穴，它在耳後稍下的位置，即頸後凹陷處，按摩的方式同上面的百會穴，每天可以在工作間隙按摩幾次。

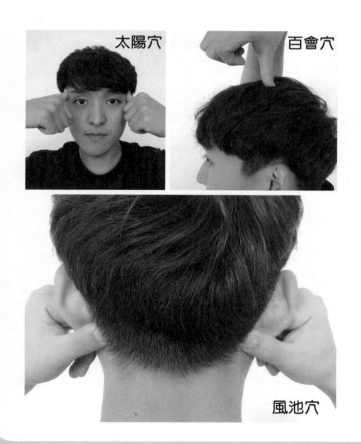

太陽穴
百會穴
風池穴

二、腦波振動

科學家研究發現，大腦活動會產生各種波動，簡稱為「腦波」，腦波頻率較高，說明我們積累了很多壓力，這會影響到我們的身心健康。李承憲博士在《腦波振動》這本書裏，介紹了一種利用正常波動使大腦的腦幹產生共鳴的方法，就是所謂的「腦波振動」。

腦波振動有不同的形式，我曾在帶選手訓練期間傳授給大家。這裏介紹最簡單最方便的一種形式，就是「點頭法」。它可以幫助我們集中注意力，更有效地記住訊息，也可以緩解頸肩疲勞，促進大腦供氧。我們可以在感覺疲勞時，或者在工作或學習的間隙做，3 分鐘左右，步驟如下：

（一）坐在椅子上，背部挺直，不要靠在椅背上。也可以盤腿坐在地上。

（二）閉上雙眼，舒服地呼吸，完全放鬆身體。

（三）開始溫和地左右擺動你的頭。如果你聽到頸部發出一些聲音，這是正常的，會隨着練習而減少。深深地呼吸，尤其把注意力放在呼氣上。

（四）把注意力放在你的腦幹，放在左右轉動的中心點上。

（五）想像當你越來越深入地進行擺動時，你的腦幹及整個大腦亮了起來。你的頭部也可以像點頭一樣上下動，或者當你更深入地進行動作時，也可以以無限大「∞」符號的形狀來擺動。

（六）在幾分鐘之後，漸漸放慢搖動的速度，慢慢地回到外在的知覺。待完全停止後，深深地用鼻子吸氣，慢慢地用嘴吐氣。繼續閉目一會兒後再睜開眼睛。

每天抽一點時間嘗試一下吧！就像嬰兒經過有節奏的晃動會安靜下來，有節奏的腦波振動，也會讓我們擁有更健康的腦波，而它會讓我們擁有更健康的情緒，以及更強大的大腦和心靈。

三、單側體操

大腦的右半部在支配左半邊身體，而左半部在支配右半邊身體，我們大部分人的常用手是右手，相對而言左腦會更加發達，所以經常用左手做體操，有助於左右腦的協調發展。

平時我們也可以這樣做單側體操：保持站立姿勢，左臂向左側平舉。然後將左臂上舉，但頭不動。以相反的方向回到原來的姿勢，重複做 8 次。

我們也可以做左右兩側身體協調的訓練，我的面授課程上面，韓廣軍老師會經常帶大家做拍拍操、大腦保健操，跳《成吉思汗》等舞蹈，大家可以在網絡上找到相關的視頻，跟着視頻做一做。另外，瑜伽、普拉提等也是非常不錯的選擇，各種體位的練習可以使大腦皮質神經活動過程的興奮性、均衡性和靈活性得到提高，從而使我們心神平靜，消除精神緊張，促進大腦的智力提升。

三 大腦減壓術

過度的壓力會影響到學生的學習。在我高考那一年，當我確定我的夢想是考北大時，我在高二暑假就開始為這個目標衝刺，但到高考前兩三個月時，我感覺每天都很疲憊，全身倦怠無力；我開始心慌意亂，經常晚上做噩夢，擔心自己高考落榜。好在我及時用各種方式調節壓力，每天早上起來慢跑，課間做深呼吸，積極自我暗示，聽輕音樂，打羽毛球等，這些讓我調整好自己的狀態，最終很順利地完成了高考。我結合這些年我備考以及幫助選手減壓的經驗，分享一些比較有用的方法。

一、音樂減壓

我在高二時就研究過音樂心理療法，音樂能夠直接作用於下丘腦和邊緣系統等人腦主管情緒的中樞，對情緒起到調節的作用。這裏的聽音樂，不是一邊做其他事一邊被動地聽，而是積極專注於音樂本身。推薦一些有助於減壓的音樂：德彪西的《月光》、民族音樂《二泉映月》、韋瓦第的《四季》，我在高中經常聽的是班得瑞的大自然音樂。

二、肌肉放鬆

我們可以從頭至腳，依次繃緊身體的每個部位幾秒鐘，然後再放鬆開來。比如雙手握拳時用盡全力，然後體會張開後全然放鬆的感覺；比如面部，可以在繃緊時將眼睛、嘴巴都往鼻子靠攏，然後慢慢舒展開來。每天可以做 2~3 次，每次 10 分鐘。

三、自由書寫

有一段時間，我腦海中有各種焦慮和擔心，我用本子將它

們全部記錄下來，腦海中想到甚麼就全部寫出來，不去管標點、語法、斷句以及字的工整漂亮，儘管去寫就好了，這就是「自由書寫」。寫下來可以封存起來過段時間再讀，或者可以將它們燒掉、撕掉，代表你與這些壓力說「再見」。這樣可以為大腦騰出空間，避免過度的壓力堆積後爆發。

四、興趣減壓

做自己喜歡的事情，會讓我們從壓力中暫時離開，想想有甚麼你一直想做，但卻很久都沒有去做的事情，抽出一點時間去做一下，如果有積極樂觀的朋友陪伴更好。在訓練比賽期間，選手會選擇畫畫、書法、打太極、打乒乓球、看電影、玩遊戲、攝影等各種方式來減壓，讓自己可以輕鬆應對訓練。

五、小睡一會兒

我在高三備考期間，每天晚自習前都會小睡，在備戰記憶比賽期間，在訓練間隙都會小睡，小睡可以讓大腦稍微休息一會兒，哪怕小睡 10 分鐘，都會讓我醒來後精力充沛。小睡也可以用冥想或打坐等方式來代替，睡覺時我一般習慣定一個鬧鐘，或者自我暗示幾次：我會在 10 分鐘之後醒來，我在睡覺時將釋放全部壓力，醒來後精力充沛，大腦活躍！

六、大聲喊出來

我會帶記憶選手在山坡上、海邊或者河邊，將積壓在心裏的壓力喊出來，並且大聲喊出自己的夢想，比如：「我是記憶大師！」有時我會組織大家在室內，一位同學站在中間的椅子上，其他小夥伴把手搭在他的身上，中間的同學大聲喊出自己的心聲，這是一種很好的情緒釋放。

（四）吃出最強大腦

　　吃貨們有福啦！我們居然可以吃出最強大腦來，不過要注意的是，食物是毒還是藥，全在你的取捨之間。美國臨床神經科學家、腦影像專家丹尼爾·亞曼教授在《簡養腦》這本書裏，總結出保持大腦健康的七項飲食規則：

　　一、不要過量食用高熱量食物。控制高熱量食物的攝入不僅可以控制體重，更可以降低患心臟病、癌症、糖尿病等疾病的風險。

　　二、喝大量的水，避免飲用熱量高的飲料。大腦裏 80% 都是水分，讓大腦失去水分的飲品，比如咖啡和酒精，會讓你的思維敏捷度下降，產生記憶障礙並且加速衰老，而白開水則有利於淨化有雜質和毒素的身體。如果要飲用飲料，可以喝低熱量的，或者不添加人造甜味劑、食糖、咖啡因和酒精的。

　　三、飲用高質量的精益蛋白質。蛋白質幫助平衡血糖，保持大腦的健康。獲取精益蛋白質可以通過多吃魚、雞肉、牛肉、豆類、高蛋白質的蔬菜和穀物等。

　　四、食用低糖指標、高纖維的碳水化合物。通常而言，蔬菜、水果、豆類、堅果和五穀雜糧是不錯的選擇，而單糖和精製的碳水化合物，如餅乾、蛋糕和其他烘焙食品，則並不是很好的碳水化合物。

　　五、限制脂肪攝入，食用 ω-3 系列脂肪酸的健康脂肪。大腦的固體重量裏有 60% 是脂肪，大腦中的 1000 億個神經細胞必須靠脂肪酸去推動，特別需要 ω-3 系列的，缺少它會增加患抑鬱症、焦慮症、注意力缺陷障礙、認知障礙症等疾病的風險，我們可以在吃三文魚、核桃、綠葉蔬菜、西蘭花、扇貝、豆腐、蝦這些食物中補充它們。

　　六、進食不同顏色的天然食品來增強抗氧化能力。吃具有抗氧化能力的食物，可以大大降低出現認知障礙的風險，使你的大

腦保持年輕。「地中海飲食」提倡按照彩虹色譜來吃水果、蔬菜以及魚類、堅果等，比如藍色有藍莓，紅色有石榴、番茄，黃色有南瓜、香蕉，橙色有橙子、橘子等。

七、烹飪時使用對大腦健康的香料和調味料。在丹尼爾推薦的香料裏，中國用得比較普遍的是大蒜和生薑，大蒜可以促進大腦血流供血，殺死腦的癌細胞，生薑結合銀杏葉可以讓你更聰明。

醫學專家的建議我們可以參考，同時我也有一些小建議：

（一）盡量少吃燒烤和油炸的食物，比如油條、薯條等，我經常吃完之後大腦就暈乎乎的，考試之前更是大忌。

（二）在複習和備考期間，減少肉類的攝入，避免暴飲暴食。胃部消化肉類需要更久的時間，會消耗大腦的氧氣，此時大腦就會供氧不足。

（三）早餐要重視。不吃早餐，影響智商。

五　運動改造大腦

我在高三備考時，剛開始忽略了運動，後來每天頭昏腦脹，在高考前兩個月，我開始每天晨跑 20 分鐘，並且在課間加入蹲起、伸展等肢體運動，大腦的能量慢慢更足了，學習效率也增加了很多。在備戰世界腦力錦標賽期間，我也經常和隊友一起做簡單的運動，保證大腦的供氧充足，我推薦四種常見的健腦運動。

跳繩

跳繩據說是既健身又健腦的最佳運動，因為跳繩時會使得身體的呼吸加快，使大腦的血氧和血糖供應大為改善，同時使大腦處於啟動或放鬆狀態，讓大腦變得更加敏捷。同時，跳繩可以刺

激手部和腳底的穴位，通過反射區刺激大腦，使思維、記憶、聯想力大增。跳繩前最好要活動一下腳關節和踝關節，並且在飯前和飯後半小時不要跳，跳的時候用前腳掌起跳和落地，每次可以跳 5~10 分鐘，每天可以利用間隙練習幾次，注意根據自己的身體狀況控制速度。

游泳

我是 2016 年在新加坡學會游泳的，之前一直都耳聞游泳對於大腦開發的好處，親身體驗過就更能體會到。我的寶寶降生後，每週我們都會帶她去游泳館游泳，以刺激她的五官靈敏度，並且刺激腦神經發育和智力發育。成年人游泳則可以放鬆身心，釋放焦慮等負面情緒，改善腦組織細胞的新陳代謝，提高大腦皮質中樞的興奮性，促進記憶和思維能力的提升。

慢跑

慢跑真是最佳的有氧運動，可以為大腦輸送新鮮氧氣。慢跑的要領是步伐要輕快，腳掌柔和着地，身體左右晃動小，步幅小，上下肢協調配合。跑步之前要先做一些熱身運動，比如壓腿、彎腰、轉體等，每天跑步在 20 分鐘左右，每週可以至少跑三次，可根據自己的體質循序漸進，切忌運動過量。

羽毛球

我在 2010 年備戰比賽時，每天晚飯前會和小夥伴們打羽毛球，美國梅奧診所的醫學家研究發現：羽毛球、乒乓球、跆拳道和皮划艇這四種體育運動，要求人們在運動過程中時刻保持高度的注意力、手眼協調能力和精確度，而且需要身體不斷地移動，對神經系統有很好的促進作用。另外，打羽毛球也需要研究戰

術，需要記憶對手的發球方式；所以打球要先動腦，方可靈活
應變。

六　益智遊戲

　　相比於只會讀書考試的孩子，喜歡玩各種益智遊戲的孩子大
腦更靈活，思維的流暢性、創新性、變通性會更強。同時，遊戲
還可以鍛煉我們的觀察、注意、記憶、想像等各種能力，我推薦
幾種訓練大腦的遊戲給大家：

扭計骰

　　《最強大腦》節目也帶紅了扭計骰運動，玩扭計骰可以鍛煉
人的手腦並用能力，可增強人的記憶力，豐富空間想像力。

象棋

　　我在小學時就跟着父親學會了下象棋，放學後經常會和父親
或者鄰居家的小夥伴一起下棋，成年以後我也會在手機上和機器
對弈。下象棋可以鍛煉大腦的思考能力、想像力、記憶力和判斷
力等。

九連環

　　這是中國傳統的有代表性的智力玩具，九連環是由九個環
通過九根杆相連的，有一個手柄穿過，從結構上可分為摘套、摘
環、解繩、交錯、翻花和綜合六大類。九連環既練腦又練手，還
可以培養專注力和耐心。

數獨

數獨是一種邏輯性的數字填充遊戲，玩家須將數字填進每一個格子，而每行、每列和每條對角線都有 1~9 所有數字。數獨全面考驗做題者的觀察能力和推理能力，也需要一定的記憶能力。

七 新體驗激活大腦

我在 2017 年開啟了 100 項新體驗，這對於我而言是一項挑戰，因為我過去一直是「工作狂」，業餘愛好主要是看書、看電影、攝影等，大多數時間喜歡宅在家裏，也不太喜歡與人交際。2016 年年末我就開始嘗試挑戰，在新加坡帶學生參加世界腦力錦標賽期間，我半小時學會了游泳，並且還在游泳池裏跳水，這對於怕水的我而言，是非常大的突破。在新加坡環球影城，我本來選擇了看風景，但最終還是玩了最刺激的過山車等項目，原來也不過如此嘛！

我的新體驗主要是以下幾個方面：

　　一是學習和體驗新的技能，比如藝術類的，有插花、水彩畫、拼貼畫、指紋畫、陶藝等；運動類的，有太極、瑜伽、普拉提、能量舞蹈等；智力和心靈類的，有扭計骰、飛碟杯、塔羅牌、OH 卡等。

　　二是突破內心恐懼的行動，比如吞火，比如剃光頭，我曾擔心別人會怎麼看我，但最終我發現，最大的障礙就是我自己，當我剃了光頭依然自信地行走，我開始可以接納任何情況下的我。

　　三是去以前沒有去過的地方，看過去沒有看過的風景，吃過去沒有吃過的食物，比如在黃鶴樓看荊楚風情的演出，在植物園用「形色」App 認植物，帶孩子去看世界航聯飛行者大會的表演。

　　2017 年 6 月 23 日，我的女兒降生在這個世界，初為人父是我最大的新體驗，而我也說：「我要和孩子一起重生，用嬰兒般的眼睛去重新看待這個世界，發現過去所忽略的美好。」

　　我們很多時候都在打安全牌，每天的生活按部就班，偶爾我們也需要使出渾身解數，去完成一些讓自己驚心動魄的壯舉。生命的源泉來自於「動」，來自於意想不到的事，來自於你向自己下的戰帖。

　　所以，不管你現在年方幾何，嘗試多做一些新體驗吧！可以從一些簡單的事情開始，比如換另一種牌子的牙膏，換一條不同於過去的上學或上班的路，嘗試品嘗過去沒吃過的食物。你也可以發起一個 30 天新體驗挑戰，每天通過社交媒體記錄自己的挑戰；如果有些事情你不敢挑戰或者動力不足，可以先嘗試找個小夥伴，或者加入某個團體，一起來完成挑戰。我有些體驗是參加我妻子創辦的「散時光」來體驗的，比如小原流插花、水彩畫等。

　　比起做一個旁觀的人，熱情投入要好玩一百倍。在新體驗的玩樂中，讓你的大腦激活吧！未來的世界沒有人生贏家，只有人生玩家，盡情玩耍吧！記憶魔法就是你的一項新體驗，願你能夠在記憶宮殿玩出名堂來！

記憶魔法師教你
超實用學習記憶法

著者
袁文魁

責任編輯
譚麗琴

裝幀設計
羅美齡

排版
何秋雲、辛紅梅

出版者
萬里機構出版有限公司
香港北角英皇道 499 號北角工業大廈 20 樓
電話：2564 7511　　傳真：2565 5539
電郵：info@wanlibk.com
網址：http://www.wanlibk.com
　　　http://www.facebook.com/wanlibk

發行者
香港聯合書刊物流有限公司
香港荃灣德士古道 220-248 號荃灣工業中心 16 樓
電話：2150 2100　　傳真：2407 3062
電郵：info@suplogistics.com.hk

承印者
美雅印刷製本有限公司
香港觀塘榮業街 6 號海濱工業大廈 4 樓 A 室

出版日期
二〇二一年二月第一次印刷

規格
特 32 開（213 mm × 150 mm）

原著作名：記憶魔法師
作者：袁文魁
本書由北京磨鐵文化集團股份有限公司授權出版，通過明洲凱琳國際文化傳媒（北京）
有限公司代理授權，限在港澳地區發行，非經書面同意，不得以任何形式任意複製、轉載。